城市社会艺术史拾遗

曹 昊 著

东南大学出版社
SOUTHEAST UNIVERSITY PRESS
南京·2016

内容提要

本书将西方城市著名的历史事件、历史人物融入美术史、建筑史和城市史的大背景中进行详细阐述。全书分为光辉城市、灵魂的居所、信仰的力量、风俗和掌故四个部分，将美术和建筑名作的历史人文背景通过深入浅出的方式进行解析，结合生动的历史故事、宗教故事和神话，以及精美的图片和图片解释，使读者全方位、多角度地了解艺术史、建筑史和历史文化名城和它们背后的故事。

本书适合以下人群：建筑学、城市规划学、艺术设计、美术学、文学、哲学和历史专业的学生；从事建筑设计和城市规划设计及艺术设计的专业人士；从事建筑设计和城市规划设计及艺术设计教学的教师。

图书在版编目（CIP）数据

城市社会艺术史拾遗 ／曹昊著．—南京：东南大学出版社，2016.1
 ISBN 978-7-5641-6040-1

Ⅰ．①城… Ⅱ．①曹… Ⅲ．①城市规划－建筑艺术史－研究－世界 Ⅳ．①TU984

中国版本图书馆CIP数据核字（2015）第240628号

书　　名：城市社会艺术史拾遗
著　　者：曹　昊
责任编辑：孙惠玉　编辑邮箱：894456253@qq.com
文字编辑：李　贤　装帧设计：余武莉
出版发行：东南大学出版社
社　　址：南京市四牌楼2号　邮编：210096
网　　址：http://www.seupress.com
出 版 人：江建中
印　　刷：虎彩印艺股份有限公司
开　　本：787mm×1092mm　1/16　印张：10.75　字数：255
版 印 次：2016年1月第1版　2016年1月第1次印刷
书　　号：ISBN 978-7-5641-6040-1　定价：39.00元
经　　销：全国各地新华书店
发行热线：025-83790519　83791830

---

* 版权所有，侵权必究
* 本社图书若有印装质量问题，请直接与营销部联系。电话（传真）：025-83791830

前言

学习西方文化的必要

中华民族是一个历史悠久、得天独厚的民族,正因为如此,古代的中国人拥有一种奇怪的民族自豪感,他们认为自己居住在世界的中央,因此给自己居住的国度命名为"中央之国",简称"中国"。这种概念从几何学的角度看,原也没大错,因为在一个球形的行星上,的确哪里都可以被视为中心点。这种感觉不是靠单纯的教育得来,而是几千年来和外界甚少接触的原因。环视我们伟大的祖国,东有太平洋浩渺无际,西有喜马拉雅万仞摩天,南面居住着断发文身的"蛮夷",唯一困扰我们的,就是北面那些驰骋千里、来去无踪的游牧民族,他们常常威胁我们的边境,偶尔也会带来一些外界的消息,可是就是这一点威胁,也被万里长城部分地拒之门外了。

中国的地理环境造就了这个如此封闭的世外桃源,以至于在文明的早期,西方人完全不知道有中国这么一个国家。在希罗多德的历史中,他只记叙到古代印度,他认为印度以东就是一片汪洋大海。因为同样的原因,古代的中国人不大能够理解外界的事情,也不愿意去了解。

然而国际化的时代不可避免地到来,随着国家之间文化、经济和科技的交流合作日趋频繁,古代的西方世界已经向中国人敞开了她神秘的面纱。"但是行色匆匆的游客和留学生们很少能够参透那些光怪陆离的异国情调背后的秘密。西方文明,仍然是我们亟待补充的重要一课。

作为知识分子,更应当拥有广阔的视野和丰富的知识库存,以应对变幻莫测的时代发展和科技进步。面对那些和我们完全不同,但是又先进于我们的西方世界，在沟通和学习之时，消除我们青年一代的文化陌生感，求同存异，是十分必要的事情，也是我决定写这本书的初衷。从另一个方面来说，由于我们现在的设计学科体系整个都来自西方，如果不从根本上去透析这些学科体系和研究方法的来源和本质，现在的知识分子就不可能把这一套有些陌生的西方学科体系运用得圆融自如。

地中海世界的文化交流

学习西方文化并不是一件容易的事，我们想要搞清楚这些众多的文化类型之间千头万绪的关系，就必须把历史细细梳理，以多元化的角度加以研读，以一体化的高度去把握。和我们的相对封闭相反，古代地中海世界的各个民族生活在一个完全开放的世界里，每时每刻他们都面临着其他民族的冲击：公元前四世纪的某一天，印度人忽然发现一大群从未看过的金发碧眼的人种骑着高头大马，凶猛而迅捷地攻破了他们的城池，而他们还没有弄清楚敌人是谁呢！正是这群由亚历山大大帝带来的马其顿军队，虽然来去匆匆，却把希腊艺术留在了印度，开出了混血的犍陀罗艺术之花。

古代埃及也常常和周边的民族打交道，他们抢夺努比亚的黄金和兽皮，购买腓尼基的玻璃珠、黎巴嫩的香柏，因为埃及没有参天大树；他们又从居住在西奈半岛的阿拉伯人那儿购置青铜，用以制造武器和神像……物质的交流就此产生，埃及的古老神灵开始拥有异国的信徒：浑身绿色的冥府之神奥西里斯莫名其妙地演变为希腊的酒神狄俄尼索斯，埃及的象形文字被爱学习的腓尼基人改造成字母，这种新发明又传入欧洲，促进了希腊字母的产生。热爱艺术的希腊人还从埃及艺术家那儿学到了雕塑和绘画的技巧，当然，在埃及文明走向衰落之时，又是希腊人把他们新鲜的发明创造回馈给他们曾经的老师。在希腊化时期，我们看到埃及的银币上雕刻着希腊式的俊美少年，棺材盖上那存在了几千年的正面律（古埃及雕塑绘画中人物画法的普通规律）被生动的希腊式人像代替。

类似的交流在古代的地中海世界广泛而活跃地存在着，各个民族互相学习、互通有无；有时又打得不可开交。在这片热土上，文化也激烈地碰撞、交融，此消彼长，千头万绪。这让后世的研究者眼花缭乱，目不暇接，也让研究之路充满乐趣和挑战。本书的体系就建构于古代西方地中海世界复杂的文明流变历程之上，通过艺术、风俗和建筑的长线，把许多看起来并不相干的民族和文化联系起来，让人们意识到它们本是一棵藤上开出的不同花朵。如同想欣赏金鱼游弋的优美和鲜活姿态，就要把它们放在水里一样，若要真正了解一种建筑或艺术风格，就要把它还原到它所处的那个时代和地区，否则我们的感受绝不会真切，我们的研究也绝不会深刻。因此，相对于那些伟大的文明样式和珍贵的艺术作品，笔者更倾向于从侧面记录它所存在的时代。

知识的融会贯通

对于本书的体系安排，笔者认为有解释的必要。把古代建筑、城市规划艺术、宗教与风俗习惯融汇到一本书里是一个特别的追求，对于中国式的强调"专业"的高等教育模式来说，这种大杂烩式的安排似乎会让人产生"不专业"的感觉，但是这种看似"不专业"的做法对于西方的设计师来说，恰恰是一种必需的修炼。

古罗马的建筑师和建筑理论家维特鲁威就曾严肃地谈到关于"学科交叉"的问题：他认为一个合格的建筑师除了掌握建筑学之外，还必须懂得多种知识，如机械工程、力学、植物学、矿物学、声学、星象学和水利等，因为这些知识都是建筑学的必要辅助。同时他又谈到一种担忧，即如果同时精通如此多的学科之后再来做建筑，那岂不是要浪费人们半生的时间？对于这种假设，他认为大可不必忧虑，因为所有知识都是相通的，只要你真的吃透一门学科，你就会用这种学习的办法去吃透别的学科。

许多西方的古代学者，都是精通多门学问的人士，维特鲁威自不必说，那些离我们时代更近的文艺复兴大师们，也都拥有奇怪的求学履历：设计圣马可图书馆的桑索维诺本来是个雕塑家，到了威尼斯之后改行做了建筑师。米开朗基罗是个雕塑家，但是他在教皇的迫胁之下又画起了画，到他七十多岁的时候，他干起了建筑师的行当，而且做的是世界上最大的教堂。在古代，跨界和改行对于博学多能的人们来说，简直就是家常便饭，往往在改行之后，更大的声誉和成就在等着他们，这是因为每个行业都会在发展中逐渐被习惯性思维束缚住思想和创造力，它们实际上非常期待学科交叉带来的新鲜血液的补给和新的动力的冲击。敢于跨界和挑战新事物的人们就会创造新的奇迹，而这些跨界者，又是博学强识的多面手。

在拥有多方面学识的西方设计师看来，城市设计、建筑和艺术是彼此不能分割的整体，同时它们又都是受制于文化、哲学、宗教和民族的气质的。冲破"专业"和"专家"给你带来的限制吧，吸取多方面的知识和营养，做一个博学和多能的人！这是本书希望传达给读者们的重要启示。

目录

前言	
第一部分　光辉城市	001
1　城市的守护者：城堡和城墙	002
2　被诅咒的城市：古亚述首都尼尼微	011
3　神谕之城：德尔斐传奇	019
4　世界帝国的圆心：古罗马老广场	027
5　幸福水生活：古罗马的供水体系	036
第二部分　灵魂的居所	043
6　向上帝走去：苏美尔人的文明	044
7　灵魂的通道：金字塔的故事	051
8　战神的门槛：罗马凯旋门	060
9　宇宙的模型：哈德良万神庙	068
10　主教的珠宝盒：哥特式教堂	076
11　理想的教堂：两座圣彼得的教堂	084

Contents

第三部分　信仰的力量 ... 091

12　来世的写照：古埃及艺术 ... 092
13　阿蒙的援手：拉美西斯二世时期的艺术 ... 099
14　永生的法门：木乃伊传奇 ... 107
15　太阳的礼赞：埃赫那顿时期的艺术 ... 113

第四部分　风俗和掌故 ... 121

16　野兽之冢：斗兽的历史 ... 122
17　罪恶与仇恨：犹太人的原罪说 ... 131
18　战斗的人生：希腊人的战争艺术 ... 137
19　英雄的幸福：希腊人的英雄观 ... 145
20　与子同袍：希腊人的男风习俗 ... 152

图片来源 ... 158

参考书目 ... 163

| 第一部分 |

光辉城市

1 城市的守护者：城堡和城墙
2 被诅咒的城市：古亚述首都尼尼微
3 神谕之城：德尔斐传奇
4 世界帝国的圆心：古罗马老广场
5 幸福水生活：古罗马的供水体系

1 城市的守护者：
城堡和城墙

在古代，为使城市本身和周围的乡村免遭掠劫，城市的领导者必须建立起健全的防卫体系：坚实的城墙和驻守着士兵的堡垒。可以说，城堡和道路系统是城市区别于乡村的重要外在条件。我们就从城堡和城墙来开始本书的旅程吧！一方面，我们可以通过城市、城墙、城堡了解古代城市的特性，另一方面，城堡的优美造型和精巧坚固的构造也一直在启发着后来的设计师和建筑家。

城市的诞生

在原始社会的末期，由于金属农具的产生，生产效率得以提高，村落开始拥有剩余的农产品，村民们希望以物质交换来维持生活和生产需要，出于这种目的，几个邻近的村落聚集在一块进行物物交换，这就形成了城市的雏形——市集。市集往往坐落于几个村庄汇聚的地方，并且和每个村庄之间的距离都是相近的，这就解释了为什么只有那些交通便利的风水宝地才会成为城市的原因。这种定期举办的市集固定下来，有些人逐渐成为生产者和购买者之间的中间人，他们通过批发和零售之间的差价牟利，这就是最早的商人，他们群居在市集周围，方便进货和贩卖，构成了城市的最早居民。城市的兴盛使更多的人来到这里谋生，人们在这儿经商、从事手工业生产、举行宗教活动，这一切使城市成为一个明显优越于乡村的聚落。城市的规模扩大了，还形成了纵横交叉的路网。

城市的繁荣使乡村产出的财富逐渐聚集，城市的财富又引起了别的城市的垂涎，于是基于掠夺和抗争的战争爆发起来。为了抵御战争，出现了组织军队和领导战斗的军事贵族，他们逐渐成为城市的领导者，在战时负责保卫城市，在和平时期建设和治理城市。他们使城市拥有了行政功能，他们在市场上设立官衙，负责判断民事纠纷，他们征集税收用以城市的建设和防卫。同时，城市领导者还号召周边乡村的贵族都来到中心城市里居住，扩大城市的规模、财富和力量。希腊神话中杀死牛怪的英雄提修斯（图1-1），就是这样一个城市的建立者，他把雅典周围乡村的富裕居民聚集到刚刚兴起的雅典，制定法典，确立城界，这一高明的举措为雅典成为一个伟大的城市迈出了可贵的第一步。

图1-1 提修斯刺杀米诺斯铜像
旁白：提修斯是一个谜团重重的神话人物，据说他曾杀死克里特岛的牛怪，并和半人马的怪物发生战争，但最为人们所铭记的是他为雅典城邦奠基所做的事业。他废除了阿提卡各城镇的议事会和行政机构，设立了以雅典为中心的中心议事会和行政机构，实现了阿提卡的统一；他放弃君王政治，建立起共和制，并把居民分为贵族、农民和手工业者三个等级。历史公认提修斯是古代雅典统一的国家缔造者。希波战争之后，雅典的执政官西蒙曾从异地迎回提修斯那巨大的遗骨，埋葬在雅典。

城墙的诞生

城市优越于乡村的地方首先在于它拥有城墙的保护。居住在城墙保护之下的"城里人"不仅拥有更多的财富，也拥有更多的安全感。城市的发展是以城墙的围合作为保证的，在埃及的象形文字中，城市是一个圆形的城墙中填着十字形的街道，街道和城墙成为早期城市的两个标志。随着战事的增多，树桩和土坯粗糙混合所造的城寨逐渐变成了拥有夯土墙基、石头护墙板的高大而坚厚的城墙，城墙上可以行驶军马，有垛口可以放箭，有瞭望台可以瞭望敌情或是燃放烽火。但是，道高一尺魔高一丈，围绕攻城和守城，世界上的各个民族都发展起相对应的军事科技。从恺撒的《高卢战记》中可以了解到，罗马人攻城的程序是这样的：他们先是用土和树枝把壕沟填满，再把一种木头车厢一样的装置拖到城墙下面，射手们躲在里面向城墙上射箭，以驱散居高临下的守城士兵；或是建一个高塔（相当于我们的云梯），士兵们登上高塔，向对面的守城者射箭。当守城者被驱散时，投石器或是撞城槌等攻城器械才能发挥效应。有趣的是，许多蛮族看到罗马人攻城的高塔在很短的时间内搭建起来，就立刻缴械投降了。

城墙下出现了高大的城门，城门边有岗哨和卫兵，监视和控制着进出城市的人们。有的城墙下还有护城河和壕沟，这些河道有些是人工挖掘的，有些是天然的河流，被利用起来成为城的屏障，因此城市的落址不仅仅要求交通便利，有时还要求地势险要，易守难攻。城和河渠总是连在一块，这就是所谓的"城池"。不仅仅是为了防卫，也为了方便饮水和消防之用。

城墙是大多数城市的特征，直到现代以前，一座城市首先就是一个堡垒。在非战争时期，城墙仍然在发挥作用：它控制着城市的交通，确保那些利用城市广场和各种机会的人缴纳通行费和税，与此同时，它明确地确定着城市的形状，以及城市从哪儿开始，又到哪儿结束。不设防的城市虽然非常少见，却也是存在的，比如群山环绕的斯巴达城邦，这个奇特的城市有着群山和海洋作为它天然的保护，同时它把自己所有的居民都培养成骁勇的战士，不仅如此，它还以自身刻意保持的贫穷断绝了四邻贪婪的窥探。但是，就因为对于城墙的极度不重视，斯巴达人也完全丧失了通晓攻城诀窍的机会。

城墙变为国界

城墙围合了城市的边界，在城市的建设者看来，城墙是神圣不可侵犯的，罗马城的创立者罗慕路斯抡起铁锹砍死了自己的亲弟弟雷穆斯，只是因为他未经允许就跳过了他哥哥挖掘的城壕。在用铜犁确定城界之时，犁耙翻出的土块都得被小心地捡起来放在土坑里，寓意着不能有一块土地落入敌手。

可是当罗马不再是一个城，而成为一个世界帝国之时，帝国的疆界就很难以上述的"斤斤计较"的方式来界定了，帝国的早期君王根本没有考虑国界的问题，他们根本就不希望有国界来限制自己征讨的步伐。在图拉真皇帝在位的时候，帝国的边界已经推至幼发拉底河附近，他的继任者哈德良皇帝明智地意识到，如果不给如此庞大的帝国一个明确界限的话，以后的君王将越来越难以将自己的控制力传达到帝国的边界。于是，哈德良准备用他的一生去做一件在他的前任皇帝看来很没有出息的事情，就是给国家一个明确的国界，这个国界不仅在于警示罗马的邻居，也警示了那些敢于扩张却不计后果的统治者。

于是，罗马的边界开始树立起城墙、瞭望塔；挖掘了深深的城壕，也布置了边防的哨所。在帝国西北的边陲，英国的纽卡斯尔市还残留着哈德良时代的一段完整的城墙，这座由石块和夯土砌筑的城墙将英国一分为二，长 118 千米。人们认为这是皇帝在 122 年视察英国时亲自设计的。

大部分石头城墙都是 4.5 米高，3 米宽，其规模极具威慑力。伴随城墙的是全长 3 米深的壕沟，在城墙和壕沟之间是填满尖桩的大坑，这是给入侵者的又一道令人生畏的难题。在城墙上设置的大门由瞭望塔守护着，这样的瞭望塔每 500 米就有一座。在城墙的后面几千米处，有一排堡垒均匀分布着，每两座之间的距离约步行半天的行程。每座堡垒能容纳 500 至 1000 人，可以对入侵的敌人做出迅捷的反击（图 1-2）。

比哈德良长城早出三百年的秦长城是中国人的骄傲，它是中国古代持续不断的城墙建造史中最为辉煌的一段，人们总是把长城和著名的君王秦始皇联系起来。司马迁在《史记·蒙恬列传》上记载："秦已并天下，乃使蒙恬将三十万众北逐戎狄，

图 1-2 哈德良长城
旁白：哈德良长城（Hadrians Wall）是公元 122 年，罗马皇帝哈德良在巡视不列颠时，决定在英格兰北部修建的长城，以抵御北方的敌人。长城全长 73 千米，高约 4.6 米、底宽 3 米、顶宽约 2.1 米，上面筑有堡垒、瞭望塔等，工程耗时 6 年。从建成后到弃守，它一直是罗马帝国的西北边界。哈德良长城包括城墙、瞭望塔、里堡和城堡等，完整地代表了罗马帝国时代的戍边系统。公元 142 年，罗马人在哈德良长城以北又修筑长达 37 千米的安东尼长墙。长城的修建，一方面显示了罗马人的实力，另一方面也标志着罗马人开拓疆土的示威。

收河南。筑长城，因地形，用险制塞。起临洮，至辽东，延袤万余里。"秦始皇把他认为最有可能遭受北方少数民族侵袭的敏感薄弱地带都用坚不可摧的长城围了起来。根据一个流传已久但未必属实的说法，秦始皇得到了一个令他胆寒的神谶——"亡秦者胡"，他错误地把"胡"理解为"胡人"，于是耗尽民力，修建了这条确保帝国永安的壁垒，但是胡人没有对秦造成致命的威胁，反倒是他的儿子胡亥葬送了他亲手创立的王朝。

当城墙变成了国界，意味着人类的文明已经发展到可以拥有一个超大型的帝国的时期，这些作用巨大的城墙往往成为帝国国力鼎盛的标志。秦长城和哈德良长城，都因为它们在历史上的重要地位成为城墙建造史上的标杆，并体现出雄才大略的君主在治理一个超级帝国时的高明策略。

中世纪城墙

在后世，特别是在兵荒马乱、烽烟四起的中世纪，遍布于欧洲大陆的分裂政权产生了成千上万的小城市，每一个独立的城市都拥有自己的城墙和城堡，虽然经历了风雨和战乱的侵蚀，欧洲大陆上至今仍保存着成千上万座雄伟的城堡。城墙和堡垒的结合成为城市的新型武装，并赋予城市新颖的面貌。

一个完备的中世纪城墙拥有多重的防卫措施：首先是护城河，人工挖掘的河流围合着高耸的城墙，城墙往往是多重的，如果冒失的敌人胆敢越过第一重城墙，那么他们一定会因为陷入两重城墙之间而腹背受敌。中世纪时，在城墙的转角处，增添了圆形的塔楼，这种多边形的城墙结合圆形塔楼的城墙样式逐渐成为中世纪城墙的理想模式，由于圆形上每一个点都受力均等，因此敌军的炮火很难对圆形堡垒产生致命性的伤害，从这一点看，这种新设计显然优越于两河流域以及中国古老的方形堡垒。同时，圆形拥有360°的广阔视角，可以清楚地监视每一个胆敢偷袭城堡的敌兵（图1-3）。在圆形堡垒的内部，设计着螺旋形的楼梯，士兵由此登上城墙，在这些重要的圆形节点上布置着最多的守城兵力，使守城的力量分配有序。

图1-3　卡尔卡松城堡鸟瞰
旁白：卡尔卡松（Carcassonne）是法国南部城市，奥德省（Aude）首府。我们所说的是卡尔卡松的旧城：一个中世纪的要塞城市。城市建在河谷平原上，被奥德河分成下维莱和锡蒂两部分。卡尔卡松古城堡也是欧洲现存最大、保存最完整的城堡。固若金汤的中世纪古堡拥有内城与外城的双重城墙，内墙是罗马式城垒，外围为哥特式城墙，内外城各26座箭楼。越过吊桥，进入那波内斯桥门，穿过古街，便可达小镇中心。躲藏在将近2米厚的哥特式城墙之后的，是宫殿、教堂、广场、市集和房屋街道等错落有致的庞大公共设施，长达3千米的主干道延伸出一座完全可以自给自足的巨型城市。登上最高的碉楼远眺，远方比利牛斯山顶的积雪若隐若现。内城四处可见日常生活的场景，铁匠铺、面包坊、裁缝店，依旧是千百年前的摆设与布置。

壁垒森严的城堡围合的区域往往并不大，在中世纪，由于生产力低下，城市的规模都缩小了，担惊受怕的人们涌进了一切可以给他们庇护的地方，不管住起来舒不舒服。就这样，许多和城堡的形态功能相似的建筑也被改造成村庄式城堡，比如罗马城的大角斗场就这样变成了一个村庄，而哈德良的陵墓被打通了许多隧道，成为教皇龟缩的地方——圣天使城堡。

城堡之核

在谈到哈德良长城时,我们曾提到在城墙之后的军事堡垒,如果没有这些驻扎着士兵的营寨,城墙是不堪一击的。在中世纪小城的中央地带或是制高点(有时也和城墙相连),往往竖立着一个显眼的建筑,高过城墙和别的建筑,敌人在城外也可以看到,这叫做"核堡",或叫"存守塔"(keep),它是城市的最后一道关口,拥有充足的给养和坚实的结构,同时它也是城堡领主的驻地。不仅仅在中世纪,在更古的时代,希腊雅典的卫城、罗马城的卡比多山上都建有类似核堡的建筑。相比于外围的城墙,核堡的设计和建造更为讲究,伦敦的白塔、巴黎的巴士底狱都是著名的核堡。在战乱时期,能够发挥核堡作用的建筑也会被当做核堡使用,比如每个城市的主教教堂和市政厅。这就是为什么有些教堂会带有雉堞(如圣丹尼教堂),而有些教堂的钟塔会拥有出奇的高度的原因,甚至在城堡这一建筑类型走向衰落之时,人们还是喜欢把教堂比喻成一座庇护众生的堡垒,比如宗教改革家马丁·路德就曾写过一首赞美诗——《上帝是一座坚固的城堡》。

一座讲究的核堡往往建立在基岩上,以防止敌人通过挖地道的方式攻克城堡。塔内功能齐备,有武器库、警卫室和粮仓(图1-4),这些往往设置在没有窗户的底层。在稍高一些的楼层,会设计宴会厅、厨房、接见室,甚至还会有一个洒进暖暖阳光的小礼拜堂。在最上面的几层就是城堡主人的起居室和卧室。在核堡的周围,散落着军营、守望塔、医院和教堂,甚至墓地。在最为艰难的战时,城堡就会庇护着周围的村民们和他们的牲畜(图1-5)。

 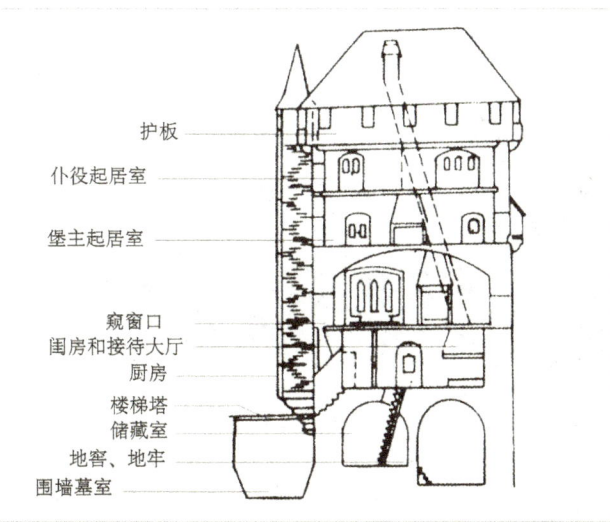

图1-4 林堡兄弟的插图:非常富裕的时刻
旁白:城堡是中世纪城市的典型特征,围绕着城堡分布着大大小小的村落,村庄中的居民依附着城堡领主和他的城堡,虽然城堡是领主的私产,但是也为人民提供了一种可靠的庇护,从文艺复兴早期的法国画家林堡兄弟的作品中可以看出,人民在城堡下春种秋收,对于城堡充满了感情。
图1-5 中世纪核堡构造示意图
旁白:城堡成为一个城市权力和精神的核心,这是维持中世纪社会和谐稳定的一个重要因素。从另一方面看,城堡又是一个巧妙的建筑形式,是一个自成体系的小世界,它把生活、社交、用餐、工作、娱乐、祈祷、战斗甚至死亡在内的所有人类活动囊括在内,安排得井井有条。

城堡的演化

城堡所拥有的同心平面具有聚焦人的注意力的能力，它那造型多样的几何体的组合也是极富趣味性的，城堡厚实的外墙上那些小得不成比例的窗洞总是引起人们的无限遐想：那里面会住着谁呢？总之，城堡并非随着中世纪的封建割据被历史遗弃，恰恰相反，其美学特性和神秘感反而越来越受到人们的青睐。意大利阿普利亚就有一座形式简洁如同晶体的蒙特堡，它是一座比例精美、细节丰富的八边形白色石灰岩建筑，在每一个角上都有一个更为缩小的八边形角塔，其古典风格的入口也令人惊叹。它建在一个小山上，俯瞰着腓特烈二世在南意大利领地中庞大的狩猎保护场。蒙特堡设计得比城堡还像城堡，但是它的作用却是为了休闲娱乐，这可以通过那向内开放的巨大窗户和那些有着高大穹隆的宽敞房间得以证明。

如果说蒙特堡还残留着城堡的外立面，那香波堡则只留下城堡的平面了。坐落在法国卢瓦尔河谷的香波堡和蒙特堡一样，是国王弗朗索瓦一世的狩猎行宫。据说大名鼎鼎的达·芬奇也参与了城堡的设计，但是城堡的格局仍然具有典型的法国气息。城堡平面为回字形，外围的方形城墙和圆形堡垒被缩减成一圈低矮的服务性用房，核堡则升华为华丽的宫殿，宫殿上明亮的开窗和顶部各式各样高耸的烟囱和尖顶使它有别于那些满是雉堞的堡垒（图1-6至图1-10）。

图1-6　香波堡正面
旁白：香波堡是法国国王弗朗索瓦一世的狩猎行宫，这座优美壮丽的建筑绝不输于它所学习的意大利文艺复兴建筑，也使后来的凡尔赛宫无法望其项背。这座兼有文艺复兴风格和中世纪风格的古堡坐落于一片风景优美的所在，城河环绕四周，背靠大森林，面倚大花园，绿树、鲜花、雕塑和清澈的湖水，给人以极佳的视觉享受。建筑长宽各有100余米，气势磅礴，中间是方形的主堡，两侧为六个圆锥形的巨大角楼。这座气派的建筑共有440个房间，365座烟囱，13个主楼梯和70个副楼梯，巨大的白色城堡精雕细刻，周身共有365个壁炉。尖塔和钟楼直冲云霄，带有明显的法国哥特风格。

图1-7　香波堡鸟瞰
旁白：从正门步入主堡，立即置身于一个明亮宽敞的大理石宫殿之中，正对着著名的"双旋梯"，两组独立的楼梯相互交错地围绕着一个共同的轴心，螺旋式地盘旋而上，同时上下楼梯的人，可以相互看见，而不会碰面。据说这是国王为避免王后和他的情妇正面相遇时引起尴尬和纠纷，特地请达·芬奇设计的。

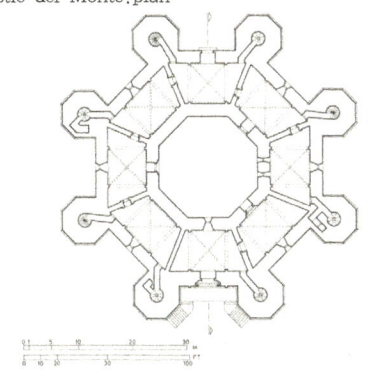

图1-8　蒙特堡鸟瞰
图1-9　蒙特堡平面
图1-10　蒙特堡内部庭院

旁白：蒙特堡由意大利南部的君王腓特烈二世修建，位于阿普利亚附近。国王将城堡当做打猎时休息的处所，与这座建筑相连接的历史事件是：1247 年，腓特烈二世在这里把他的女儿维奥兰塔嫁给了卡塞宫廷的里卡尔多。建筑平面采取八角形，角上共有 8 个八角形的塔，中央庭院呈八边形，八边形的城堡又分割为两层，每层有八间结实的不规则四边形房屋，楼上入口处的大理石及复杂的浴室建筑都将柔美的宫廷风格赋予了这座城堡。

说到底，人们还是喜欢城堡的美丽神秘和梦幻气息，而不是喜欢它那窄小、逼仄、阴暗和没有装饰的空间，因此，虽然有那么多模仿城堡而建的行宫，但是真正的城堡，却逐渐沦为了监狱，比如伦敦的白塔、法国的巴士底狱……从城堡到监狱，一个是防止人打进去，另一个是防止人跑出来，这种功能的转换倒并不令人吃惊。

城堡遗风

在 20 世纪，现代主义建筑的盛行使开放、通透和明亮的空间样式流行起来，城堡式的建筑似乎再也没有用武之地，其实不然，有一位设计师仍然把城堡的样式运用在他的设计构思中，这就是美国著名的建筑师路易斯·康。康早年受教于法兰西艺术学院，接受了一套严整的古典建筑理论体系，通晓古今的康发现古典城堡追求严格的几何对称和简洁外形，和强调建筑几何特性的现代主义建筑是一致的。

在康设计的许多建筑中，出现了中世纪城堡的角楼（或叫塔楼）。在记录于 1973 年的谈话中，康解释了他对于城堡角楼的喜爱："苏格兰城堡中厚重的墙体，防御用的小洞口,在精神上深深打动着居住者,这是一个让人阅读、消化的空间,是布置床和楼梯的地方,拥有着阳光和童话……"。设计师显然把冷酷的军事化角楼理想化了,但他敏感地发现角楼提供给人们的安全感和庇护性,是普通样式的住宅中所没有的,它体现了建筑最基本的追求。

孟加拉国达卡国民议会大厦被公认为是康最伟大的作品之一,建筑平面采用了八边形的形式,这在强调自由平面的现代主义设计体系中显得很另类,但熟悉古典建筑的人则会很快联想起前文所说的蒙特堡,只是它比蒙特堡放大了许多,城堡也被改变为一种复杂功能的集合:议会大厦中央议会厅的周围是环绕着的走道,有的通向公众和记者的旁听席,有的连接着各议会办公室的图书馆。议会大厦的外围是原办公室、政党用房、休息厅、茶座和餐厅;大厦的外表层有深深的前廊来解决日晒、雨淋和眩光。大厦周围是人工湖,更增加了议会大厦的城堡意象。大厦外观由大理石线条和混凝土构成,康在墙上开着方形、圆形或三角形的大孔洞,像是要让人们意识到这仍然是一个像城堡却并非城堡的建筑。议会大厦所象征的政治含义被城堡这一坚不可摧的视觉形象很好地阐释了(图1-11)。

图1-11 达卡国民议会大厦鸟瞰

旁白:康的建筑被后来的建筑理论家赋予了丰富的象征色彩,人们认为这样一个集中式的建筑群体很像印度佛教的曼陀罗图式,但是一位理性的建筑师不会肤浅地用象征图像替代建筑自身的逻辑。事实上,议会大厦的平面布局是深思熟虑的结果,中央的会议厅主题突出,四周的功能空间拥簇着它,显得主次分明。每一个附属建筑彼此错开45°角,使城堡似的外观显得开放通透,方形和圆形的对比充满了张力和趣味。

2 被诅咒的城市：
古亚述首都尼尼微

大城尼尼微似乎就是世事沧桑变化的有力证明，在约拿时代它还是巍峨的大城，不过两百年时间，它就成为连野兽都不愿光顾的废墟，到了19世纪，甚至连它是否存在过都已经成为一个谜题，当悠悠两千年时光掠过，它曾有的罪恶已为历史的风尘湮没，但那博物馆中悲啼的母狮，却引导我们对这"血腥的狮窟"产生了奇异的向往……

约拿和大鱼

尼尼微是一个罪恶的城市，上帝叫先知约拿去那儿斥责城中居民，让他们脱离罪恶，皈依天主。但约拿恨死了尼尼微，他不愿意去。他上了一条开往他施的船，想躲避上帝。但上帝可不是好糊弄的，他使海面刮起了大风，一时间波涛汹涌，浊浪滔天，船员们惊恐万分，纷纷把货物扔到海里，并向他们的神祷告。

但风浪久不平息，于是船员们怀疑有人犯了罪，致使他们遭此灾难，大家抽签结果证明约拿有罪。在大家的责问下，约拿说出了实情：他是为了逃避上帝才乘坐了他们的船。船员们一听十分害怕，忙问他该如何平息上帝的怒火？约拿说，把他扔海里就可以了。他是宁愿死也不愿去尼尼微啊！船员们最初不忍心这么做，但是风浪越来越大，小船随时都有倾覆的危险，没有办法，只好拿约拿祭天了，船员们刚把约拿扔到海里，海面就恢复了平静。

落水的约拿一口海水也没有喝，就被一条大鱼吞进了肚子，不用问，这条大鱼也是上帝遣来的。但是大鱼并没有弄伤约拿，只是囫囵地把它吞进了肚子，担惊受怕的约拿在大鱼的肚子里足足待了三天三夜，鱼肚子里黑咕隆咚，又腥又臭，这等待被消化的日子可不好受,半死不活的约拿向上帝祷告,只要救他出了鱼的肚子,他什么事都愿意做,上帝看他悔改,就让消化不良的大鱼把他吐在海滩上,终于见到阳光了!约拿揉揉酸痛的四肢向海岸看去,哇!高塔林立,绿树成荫,好一派人间胜景!但这正是他不愿去的尼尼微。

尼尼微是一个大城,要走三天才能穿遍全城。约拿在城中走了一天,向人们宣布:"四十天后,尼尼微将被毁灭!"约拿的严肃和坚定的话语让人们听着害怕,于是尼尼微城的人们决定洗心革面,重新做人。人人禁食,披上麻布忏悔。就连国王也脱下王袍,坐在灰中忏悔,同时还向全城发出通告:"人和牲畜不得进食……都要披麻忏悔,每个人都要恳切地祷告,停止邪恶,不再强暴……这样上帝就会原谅我们,不再降灾。"

上帝在天上看到了他们的悔罪行为,很感动,于是决定不再降灾。上帝的仁慈却得罪了约拿,他质问上帝:你这样出尔反尔,你做了好人,我却在尼尼微人面前丢脸。你让我死了吧!死了比活着好。牛脾气的约拿怒气冲冲地说着,跑到城郊坐下,搭了帐篷,想看看尼尼微到底会不会毁灭。

时值盛夏,再加上约拿心中有火,更是觉得燥热难当,奇怪的事发生了,约拿的帐篷旁一夜之间长出一颗好粗的蓖麻树,浓密的树荫让约拿十分凉爽,他甜甜地睡了一觉。可是刚到天亮,树叶就被虫子吃个干净,树干很快枯死了。太阳出来了,又把约拿晒了个半死,约拿才知道又被上帝戏弄了,他尤其心痛那棵又粗又大、浓荫密布的蓖麻树。上帝知道了他的想法,就对他说:"这棵树一夜长成,第二天就枯死了,你既没有栽种,也没浇水,你尚且为它的死去惋惜,那我难道不该怜悯尼尼微这座大城吗?这城里光是无辜的小孩子就有十二万啊,还有众多牲畜呢(图2-1)!"

图2-1 约拿和大鱼
旁白:米开朗基罗创作的西斯廷教堂的天顶画表现了《圣经·旧约》中众多的先知,在米氏看来,约拿的抗命乃是因为他是个有激情和正义感的人。从米氏终其一生都和他的东家——历届教皇进行不屈不挠的斗争看来,这和约拿是非常相似的,从某种意义上说,约拿就是米氏的精神自画像。在画面中,身材魁梧的约拿似乎刚被大鱼吐出,身体还处于扭曲状态,就神情迫切地和上帝争辩起来,在他的身后,还有最终说服他的蓖麻树。

迷城浮现

　　这是《圣经·旧约》里的一个著名的脍炙人口的故事,当历代读者都为这有趣的故事所吸引时,学者们却早就在怀疑"尼尼微"这个城市的真实性,根据他们所掌握的知识,一个让人走三天才走得完的古代城市还是很少见的。但是19世纪中叶,英国考古学家莱亚德在尼姆鲁德的考古挖掘证明了尼尼微并不是希伯来人的幻想,是一个真实的城市。他们还发现,尼尼微实际上是由四个毗邻的小城:尼姆鲁德、库云吉克(尼尼微)、科萨巴和卡兰里斯组成,这四个小城现在已成为四个巨大的土丘,如果我们把四个土丘视作一个正方形的四角,我们会发现四边的长度恰巧等于地理学家所说的480斯达地(96千米),这就是先知约拿说要走三天才走得完的路程。

　　尼尼微的历史十分久远,在公元前6000多年就有人类居住。人们传说它是人类的祖先诺亚的曾孙宁录在史前时期建立的。但它成为亚述的国都,则是在亚述最为强盛的时候,那时候国王辛那赫里布在这个城市建立了他"无以匹敌的王宫"。特别注重文案记录的亚述人把宫殿建造的具体工作都撰写在一块碑铭上,对应这些文字的是大英博物馆保存的生动描绘宫殿建造场面的浮雕。

　　这座大城位于底格里斯河上游东岸,与摩苏尔隔河相望,它不仅是强盛的亚述帝国的都城,便利的交通也使其成为西亚地区商旅云集的贸易市场。规模巨大、装饰精美的神庙和王宫被建立起来。一眼望去,尼尼微塔楼耸立,树木成荫,道路宽阔,游人如织,简直如人间天堂(图2-2)。

图2-2　尼尼微城复原图
旁白:尼尼微和很多古代城市一样,有一个卫城,它是城市的政治和宗教核心,也是国王宫殿的所在地,这就是现代被称为库云吉克的大土丘。在这块土丘下,挖掘出了国王的宫殿、塔庙和图书馆等重要遗迹,其中,最具有艺术价值的就是保护王宫的砖土墙基的石质浮雕墙裙,上面的雕刻显示了亚述贵族骄奢淫逸的生活场面以及军事、营造等国家重大事务的生动片段,成为后人研究古代亚述的重要史料,这批重要雕刻已经成为大英博物馆的镇馆之宝。

第一部分　光辉城市

但是约拿死也不愿去这个美丽的城市，反而希望它毁灭于上帝愤怒的天火，这不是约拿的个人情感使然，从古代的文献可以看到，周边的民族对它都十分厌恶，并把它称为"血腥的狮窟"。

梦回尼尼微

还是让我们穿越回梦幻般的古代，随约拿去参观这个城市吧！在底格里斯河浑浊的河水泛舟，在上游就会看到对面尼尼微城那绵延不绝的高大而又坚固的城墙，这城墙是如此之长，它绵延12千米，有15个城门；这城墙是如此之宽阔，最厚的地方竟有45米宽。城墙接近地基的地方包着坚固的护墙板，由大石块砌成。在顶部都布置着锯齿状的雉堞。亚述人是最善于攻城的，他们是当时最好的军事发明家，他们发明一种装甲的攻城车和投石器，用它攻克了许多坚固的城池，事实上，这样的防御工事看起来未必能用上几次，很多年了，还没有几个敌人敢接近强大的亚述都城。

当一个参观者走近熙熙攘攘的城门，立马就会发现可怖的事情，在城门上吊着几个笼子，笼子里蜷缩着几个衣衫褴褛、骨瘦如柴的人。一个人在向行人凄惨地嚎叫；另一个人瞪着血红的眼睛发呆；还有一个人浑身颤抖，好像生了很重的病。这些可怜人是被亚述王打败的别的国家的国王，他们也曾经威风赫赫，但现在被折磨得又病又疯，离死不远了。他们的惨状常常吓到出使尼尼微的外国使节，看过这一幕之后，再见到亚述王时，他们的话语都哆嗦着。亚述人深知"不战而屈人之兵"的道理，对于那些胆小的民族，他们绝不会轻易浪费武力，只要通过恐吓性质的外交就可以轻松达到目的。

在城市的核心地带，坐落着亚述王巍峨的王宫，它大极了，建在一个抬高的砖砌地基上。从正中间的坡道上去，就会看到雄伟的白色宫门耸立在你面前。和城门一样，拱形的宫门也是嵌在两个塔楼之间，所不同的是塔楼使用的砖块砌出凸凹的线脚，宫门的拱洞也有漂亮的彩釉陶砖装饰。在墙基有一对超过3米高的石头浮雕巨兽守护着宫殿，形成一个浮雕墙裙，这显然是宫门前最抢眼的装饰。这巨兽长着一副威严的男人面孔，蓄着长须，它的身体是狮子（也有公牛身体的），胸部和腹部还刻着浓密的鬃毛，同时他还有双巨鹰般的翅膀，据说它的名字叫"护都"，是王宫的守护神（图2-3）。"护都"的形态体现了亚述人对于国家面貌的最高期待，因为它同时拥有人的智慧、公牛的力量和鹰的自由，相比于埃及人在神道两边布置的那些静卧着的公羊和眼神驯顺的狮子，亚述人设计的"护都"更具有震人心魄的威严气概。

但是，最让人们所喜爱的是亚述人所创作的石头浮雕饰带，这些艺术珍品嵌在门殿门厅的墙基上，描绘了亚述人征战、狩猎、宴饮和建筑劳动的情景，其中一块石板就表现了人们用滚木和撬棒运送"护都"的场景；而另一块是国王在花园中，他躺在高高的睡榻上，大臣们向他敬酒的场景。当然了，这儿最频繁出现的主题就是国王打猎，打猎的主题本是古代地中海民族钟爱的艺术母题，但是没有哪一个民

图2-3 尼尼微宫殿门口的守护神——"护都"

旁白:"护都"的造型显示了亚述人丰富的想象力,他们让这个神兽具有公牛的力量、人的智慧和情感以及鹰的自由迅捷。它在表现上也很有特点:从侧面看,这只神兽的四条强壮的腿交替前行;从正面看,可以看到神兽的两只前腿。这样一来,有五条腿的"护都"就违背了自然规律。事实上,在艺术家的眼中只有一个规律:那就是艺术的规律,这种表现可以拥有两个完美的观看视角,并突破了浮雕和圆雕的界限,成为艺术史上的一个独特创造。

图2-4 亚述浮雕石板:受伤的母狮

旁白:这件作品表现了失败者的愤怒和不屈,因而具有高尚的悲剧色彩,受伤的母狮是人格化的,它身中三箭,伤口的血流喷涌,但它仍用粗壮的前臂支撑起残废的躯体,昂首悲鸣,透过画面我们仿佛能听到它深沉而愤怒的吼声。

族像亚述人把这个主题发挥得这么淋漓尽致——看啊!有好几头愤怒的雄狮扑向国王,有一只甚至把爪子搭到了战车上,但是国王一点也不慌张,他用那粗壮的胳膊把强弓拉得像满月一般,狮子们中箭了,有的倒下,被驰过的驭马踩踏;有的还在挣扎,发出悲哀的吼声(图2-4)。

每年的行猎既是皇室的一种娱乐也是宣扬尚武精神的仪式,这种习俗在世界上很多民族都存在着，但是为了皇室的安全，大多数国家的行猎就是装装样子，扈从把已经射了许多箭，半死不活的动物赶到皇帝的面前，由皇帝补上最后一箭。然后大家齐声叫好，班师回朝。对于居于深宫的统治者来说，行猎就好像小孩子的春游，充满了诱惑力，因此往往带上大批嫔妃、随从、食物甚至乐队，喜气洋洋地驶往皇家猎场。这样腐化的狩猎亚述王是不齿的，他们命令士兵们敲响盾牌，把受惊的狮群赶向自己，然后大开杀戒！提格拉·帕拉萨三世，一位彪悍的君王，他猎狮的纪录——徒步猎获120头，乘车猎获800头！提格拉的继任者，著名的亚述王巴尼拔是一个更为凶猛的猎人，他的勇敢自信十分惊人，面对狮子时，有时只带一把匕首，有时只带一支标枪，全身也没有铠甲保护。有一幅浮雕清晰地表现了在狮子冲向国王的刹那，国王手持匕首，精准有力地刺向狮喉。在作战的时候，他也一样身先士卒，找着敌人主帅硬拼。文弱的英国诗人拜伦对他显然非常崇拜，曾以他为其戏剧中的主角。在拜伦笔下，亚述王巴尼拔变成了亚述帝国权力、财富均呈巅峰状态的具体象征。

有了这些凶狠的国王，亚述周边民族的命运比猎杀的狮子还要惨。古语云"杀降不祥"，但是亚述王巴尼拔所喜欢的恰恰就是虐待俘虏，他自吹道：我用敌人的尸体堆满了山谷，直达顶峰；我砍去他们的头颅，用来装饰城墙；我把他们的房屋付之一炬；我把他们的皮剥下来，包住城门映墙；我把人活活砌在墙里；我把人用木桩钉在墙上，并且斩首。在战胜埃兰国之后举行庆功宴的时候，为了满足残杀的欲望，也为了警示来者，亚述王巴尼拔将埃兰王的头悬挂在高杆上，给所有宾客欣赏。对于埃兰统帅丹纳努的处置更加残酷：他被活活剥了皮，而丹纳努弟弟的遭遇是先砍头后分尸，把尸体切成肉酱，然后拿到全国示众。在这样做的时候，凶残的亚述王心中绝没有顾忌，反而认为这更加昭示他的勇敢。

猎国如猎狮

亚述人能够如此横行霸道，无恶不作，在于他们拥有当时世界上最为强大的军事力量。在国王提格拉·帕拉萨时代，亚述人建立了一支当时世界上兵种最齐全、装备最精良的常备军，分为战车兵、骑兵、重装步兵、轻装步兵、攻城兵、工兵等。作战时，将这些兵种作适当编组，发挥各自的威力。亚述人还用急行军来争时间、抢速度，他们特别善于使用充气的皮囊渡河。这种皮囊可以联结起来，安置在河面上，从这岸排到那岸，上面再铺上树枝，就成了一条军用的浮桥。这种战术，也为后来的亚历山大、罗马军团甚至拿破仑所使用。

没有什么能挡住亚述人行军的步伐，他们遇河则渡，遇城则攻。和渡河的皮筏一样，攻城方面，他们也有许多发明创造。比如所谓的投石器，它们是一个个巨大的木框，里面装有一种特制的转盘，上面绞着用马鬃和橡树皮编成的绳索。只要用力一拉，就能射出巨大的石弹和燃烧着的油桶。还有一种攻城锤，是由青铜铸成的，攻城时用来撞击城墙。在亚述王萨尔贡二世王宫的一个武器库里，就发现了近两百吨的铁制武器，有铁剑、弓箭、撞墙锤、战车、盾牌、盔甲等。有了上述条件，亚述军队在整个西亚纵横驰骋,铁马啸啸,几乎无坚不摧,无垒不克。

求知亦乐

我们很难想象,这样一个穷兵黩武的民族也会有它的复杂性,亚述的历代君主都是知识和艺术的爱好者,在医学和天文学方面,他们学习了他们所打败的巴比伦,他们还细心地将所见的植物记录下来,为后来的植物学奠定了一定基础。为了搜集古代典籍和美丽的艺术品,国王曾打发不少学者去苏美尔、埃及及巴比伦。但是尼尼微留给后代最为宝贵的东西,却是一个规模宏大的图书馆,这也是好战并且好学的亚述王巴尼拔所建立的。在极大的封土堆下,这所图书馆保全的资料历经25个世纪仍完整无缺。巴尼拔沾满鲜血的双手有时也爱捧起书本读一读,有一篇有关国王的自述说道:"我,亚述王巴尼拔,觉得有博览群书的必要,读书乐趣无穷,读书可扩充知识及技艺,可养成一种高贵的气度。"

尼尼微的这座图书馆有3万本"书",但是这书不是一册册的纸质书,而是一块块戳满楔形文字的泥版,它们都分门别类,并附有标签和王印,整齐地摆在壁龛里。泥版大部分为年代不详的代抄本,其原本大都来自巴比伦。所有图书中,文学作品极少,历史著作多为年代大事记,也可称战争大事记,内容大都千篇一律,记胜不记败,报喜不报忧。当然,他们对自己的野蛮血腥行为也记下来了,因为他们认为这是值得炫耀的"好事"。图书馆的其他图书还有档案、天文、星相、医学、药方、圣词、帝王世系及神的谱系等。正是通过这些文献,我们才得以勾勒出亚述人社会生活的基本面貌。

大城倾覆

在考古挖掘中,人们发现因为这些城市的主体都由没有经过焙烧的土坯砖建成,由于建造得很迅速,土坯砖甚至都没有在阳光下晒得坚硬,而仅仅是自然风干,砌成宫墙后再涂饰一层白色石灰就完事了,这就导致了尼尼微在亚述亡国之后损毁严重,面目全非,迅速地掩埋在荒凉的土丘下。除了这仓促的施工,频繁更换的都城也似乎说明了在亚述统治阶级内部,并非人们想象的那样强大和团结(图2-5、图2-6)。

但这毕竟还不是最重要的矛盾,在庞大的亚述军事帝国的外部,所有被奴役的人民也充满了对这个罪恶国家的仇恨。首先是在北边游牧的西徐亚人由高加索侵入亚述的国土;南边的巴比伦也燃起了独立的火焰,哈尔节的首领巴巴拉萨尔开始称王,他移师北上,勇敢地对抗亚述,几乎和亚述人打了个平手。更糟糕的是,从伊朗山上冲下来的米底王吉阿克沙尔的大军,他们在以往的小规模会战中已然通晓亚述人的军事艺术。精明强干的亚述人考虑到了所有的东西,但他们没有想到有一天,被他打败的民族也会把他们的军事科技学到手,在这一点上,希腊民族的斯巴达人是有先见之明的,他们从不和别国打仗超过三年,如果超过,即使没有什么成果也立即收兵。

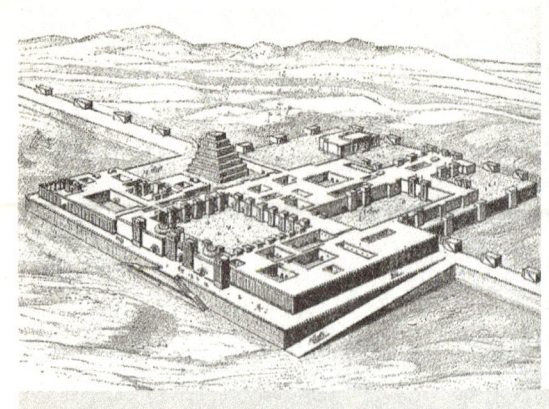 

图 2-5　豪尔萨巴德城的萨尔贡二世王宫
旁白：这座王宫由亚述王萨尔贡二世所建，其后的尼尼微王城的设计就参照了它，这座宫殿占地 9.3 万平方米，分为三大部分：入口的左手边是巍峨的神庙群，在中央是巨大的庭院，庭院后是一排国务用房。再后面也是一个大庭院，庭院旁是宫殿和觐见厅，都装饰有漂亮的石头护墙板。这些雄伟的建筑都是用不太结实的土坯砖砌造的，但这并不代表亚述人不会烧制陶砖，王宫的拱形排水沟渠就使用了防水的陶砖。

图 2-6　象牙狮身人面像家具饰件
旁白：亚述艺术体现出一种令人惊异的多元化，如同这件象牙雕刻，它可能是家具上的装饰构件。首先，象牙就不是亚述的特产，应该来自东方的印度。但是其上的雕刻却分明带有埃及艺术的特点——狮身人面的神兽十分修长秀气，这是埃及人的艺术特点，但亚述艺术家显然习惯性地在上面加上了他们喜爱的双翅。

　　如今伊朗和巴比伦军队联合起来，攻破了亚述古老的都城——亚述城。城池被愤怒的联军捣毁，血腥的复仇开始了，城内的亚述贵族被杀得干干净净，和失败者的悲惨相对应的是胜利者的狂欢，巴比伦王和米底王在废墟上高兴地庆祝这伟大的胜利，庆祝之后他们签订了同盟，巴比伦的王子和米底的公主还订了婚。

　　最后一个目标就是巍峨的大城尼尼微了！45 米厚的城墙固若金汤，很难攻克，亚述王申沙利西贡和自己的军队坚守在城内。但是同盟者却决心致他们于死地，同盟者们巧妙地堵塞了底格里斯河，改道的河水冲垮了城市，不可一世的尼尼微，看起来好像会存在万年似的，却就这么容易地被攻陷了。

　　约拿泉下有知，该会欢笑吧！罪恶的城市终于偿还了它的血债。但是也有人为它而感到悲哀，一块传世的泥版文书记载道：人人都将离你而去／说"尼尼微荒凉了"／有谁为你悲伤，我到哪里去寻觅安慰你的人呢？亚述王啊，你的牧人还在酣睡，你的大臣还在安逸，你的人们还在山间，无人招聚／你的创伤无法医治，你的伤口还在疼痛，所有听到你的消息的人都将拍手，因为还有谁没有尝到你无穷尽的残暴呢？

3 神谕之城:德尔斐传奇

德尔斐是希腊半岛中东部的一个山城,在它的境内,有一座风景优美的帕尔纳索斯山。这是座被认为是阿波罗和缪斯女神嬉戏的圣山,但是真正让它声名大振的不是美景,而是山上神奇的阿波罗神殿,以及那里可以堆成山的金银财宝和一群神秘的女祭司。

最为准确的预言

吕底亚的国王克洛伊索斯准备和波斯人打仗,但是这场战争到底结果如何,他心里没数,就决定问一问神。希腊有许多颁布神谕的圣所,哪一个是最为准确的呢?他决定做一个实验。他派出了去往好几个圣所的使者,让他们问他们的国王在他们离开后的第一百天在干什么。

使者带着请回的神谕,从各个圣所回来了。其他的神谕都写得驴头不对马嘴,只有圣城德尔斐的神谕让他满意,这个神谕是这样说的:我能量沙,我能量海/我了解沉默和聋人的心思/硬壳龟的香味打动了我/它和羔羊肉在青铜锅里烹煮/下面铺的是青铜,上面盖的也是青铜。克洛伊索斯被折服了,他相信德尔斐的神谕绝对是最为灵验的!因为在那一天,他正是拿了乌龟和羊羔的肉,一起在青铜锅里煮。

这个极为精准的神谕促使国王问一问他真正想问的东西:他能不能打败波斯人?

神谕是这么回答他的:当一匹骡子变成了美狄亚的国王时/你这个两腿瘦弱的

吕底亚人就要沿着沿岸多石的海尔莫思河逃窜了／快快跑吧，不要因为自己的行为像个怯懦的人而羞惭。这个神谕让国王更高兴了，因为骡子是不可能夺取他的王位的。但是在吕底亚和波斯的交锋中，波斯人胜利了，克洛伊索斯成为波斯国王的阶下囚。

这个故事是历史学家希罗多德告诉我们的，在他的《历史》一书中，他还曾经多次援引德尔斐的神谕，这些神秘莫测又模棱两可的预言尽管如同诗歌一般优美，但却有力地参与到许多重要的历史事件中，使历史打上了宿命的烙印。我们不禁感到奇怪：人们为什么会如此相信德尔斐的神谕呢？这些神谕真的来自神的旨意吗？如果不是，那又是谁撰写了它呢？要了解这些，先得从另一个故事说起。

佩提亚的秘密

我想，对于任何一个时代的人们来说，预知未来，从而把握命运都应当是一件极有诱惑力的事情。古代的神灵之所以对信徒们充满着诱惑力，正是因为他们具有预知未来的能力。希腊人拥有许多占卜的奇怪方法，比如观看鸟类飞行的姿态和动物血淋淋的内脏，但是最为正规的方法是到庙宇里求得神灵的直接指示，这就是所谓的"神谕"或叫"神谶"。

在古代的希腊世界里，拥有特别灵验的神谕的德尔斐最为人们所敬仰和追慕，人们传说阿波罗神庙的女祭司们拥有极为神秘的本领，她们被称作"佩提亚"，不像其他神灵的祭司都是些如花似玉的处女，她们却是一些没有文化的中年妇女，但正因为此，她们所做出的事就更让人们无法怀疑：在通神的时候，祭坛周围烟雾弥漫，神灵就悄悄降临并依附在她们身上，这时女祭司全身颤抖，仿佛经受不住神灵的依附一般，她们口吐的神谕在助手的翻译之下，变成了可以听懂的格律警言，变成了词句优美的六步诗行。

现代人当然不信这些鬼话，历史学家希望通过科学来寻找神谕的来历。一直以来流传的一种说法是她们吸入了地层中弥散出的气体而被麻痹，因为人们认为德尔斐遗迹坐落于两个断层的交叉处，并且地底下富含的沥青质石灰岩在地壳运动中可能会产生乙烯类物质，而后者对人有神经麻痹作用，就像吸食大麻产生神奇的幻觉，她们幻想自己真的招致了神灵……然而这种说法受到了很多质疑，因为法国雅典学院的发掘并没有在神庙地下找到传说的裂缝，并且他们认为当地页岩的地质构造也阻止了气体的外散。

佩提亚的秘密仍然有待研究，但即使是在迷信的古代，她们的预言也不是被人们尽然相信的，常常玩弄文字游戏的花招很容易被识破，比如一遇到打仗谁会赢的问题，她们就会说"一个大国会灭亡另一个大国"，至于谁灭谁？自己去猜吧！修昔底德就曾记载这样的事情：一些被斯巴达政府放逐的政客，就曾经贿赂佩提亚，让她们发布暗示要召回他们的神谕。在更多的时候，人们是希望在做事之前讨一个好彩头，但是如果没有讨到，神谕也往往无法阻止人们的意志。

幸运的亚历山大大帝在东征之前，就曾派人到德尔斐问神，但是按照习俗，那一天是不能举行颁布神谕的仪式的，年轻气盛的亚历山大可不信这个邪，他亲自跑去找佩提亚，把她从住所里拉出来，硬叫她举行仪式。佩提亚没有办法，一边走向神坛，一边抱怨道："你这个孩子，真让人无法抗拒。"有趣的是，在亚历山大看来，这句无心的话比什么太阳神的神谕都来得吉利，他不是就要叫人无法抗拒吗？于是他高兴地宣布："我已经得到了神谕，不需要再举行仪式了！"

世界的肚脐

据说大神宙斯希望了解一下他所统治的地球的中心在哪儿，于是他在地球的两极放了两只老鹰，让它们朝中间匀速飞行，最后两只鹰终于相聚了，相聚地就是德尔斐，于是宙斯命人在这里设计了一个标记——两个金质的老鹰托起一个秤砣状的界碑，称为"翁法诺斯"，它的意思是"大地之脐"，至今还保存在那儿。我们从地图上可以看到，德尔斐几乎位于古代希腊的中心地带，地理位置的独特性的确让人产生了某种幻想，认为此地必然有着神秘的灵性，这可能也是德尔斐被重视的一个重要原因。

在大地的中心，供着一个大神阿波罗。据说在遥远的古代，阿波罗来到这里，看到了一条叫做皮同的大蛇守卫着这里，他张弓搭箭，一箭射死了它，这样，阿波罗就成了这里的新主人。透过这个荒诞的神话，我们可以猜想：阿波罗其实就是希腊人，而大蛇是原来的土著（我们不也把当地人叫做地头蛇吗？）。希腊人在一个无法考证的时代，占领了德尔斐这个风水宝地，为了子子孙孙都能长久地住在这儿，他们把阿波罗作为殖民者的保护神供奉起来（因为太阳的光芒照在世界上任何地方）。

不管怎么样，在高达 2459 米的帕尔纳索斯山的山腰处，一座巍峨的多里克神庙建了起来。神庙的地基坐落在一个"最显赫的地方"，它被精心勘测过，使得从圣地的任何角落都能够被看见。看起来大自然并未太多地庇护这座建筑，剧烈的地震曾经毁掉了五座神庙，但是人们强烈的宗教热忱使新建的建筑比旧的更为优美高大。我们现在看到的是公元前 510 年建造起来的，在其后的一百年内，希腊走过了它的辉煌和衰弱，但也正因为这多事之秋，才成就了太阳神庙这如日中天的盛名。

与它的盛名相比，这座神庙实在太过普通，尤其是现在它只剩六根柱子。它的建筑师是来自科林斯城的斯平塔罗斯，出于对前辈的崇敬，这个神庙设计得和被地震毁坏的前例是非常相似的（图 3-1）。希腊神庙的常规做法是：侧面柱子数量一般是正面柱数的两倍再加一根，而这座神庙正面有六根柱子，侧面有十五根，这种比例使得建筑显得有些狭长和光线不足，但是在这空间狭小的山腰想要扩大神庙的内部空间，这也是不得已的做法。德尔斐不似雅典得天独厚，它没有无敌海景，也没有富饶的银矿，最重要的是它没有雪白坚腻的彭特里克大理石，只有满山粗糙多孔的红色砂岩，色泽看起来就像烧尽的炉渣，这些丑陋的石头就是阿波罗圣殿的建筑材料。但是当初看起来一定不是这样，那时候，柱子上全都批上厚厚的白色（也

图 3-1　阿波罗神庙
旁白：阿波罗神庙是德尔斐圣域中的核心建筑，坐落在山腰处，是连接山上的剧院和山下众多神龛建筑的重要节点，因此人们认为它在规划学上的意义要大于建筑学上的意义。

许是蓝色）大理石粉，色泽艳丽，金碧辉煌，在德尔斐灿烂的阳光下显得分外美丽。

　　在神庙前方是一个石头的祭坛，人们在这儿宰杀牲口，焚烧以祭祀神灵。大多数参观者的目的地也就是这儿了，因为普通人是没有资格进入神庙内部的。神庙在一个石头砌就的平台上，如果你想要拜访神庙，还要通过一个小小的附属建筑：雅典娜柱廊。雅典娜似乎拥有着更为悠久的历史，在阿波罗来到德尔斐之前，这位女神就守护着这个圣地。这种只有一个面、八根柱子的简单柱廊近似于一个神龛，也和我们在古希腊市场常见的柱廊是非常相似的，根据猜测它也应当具有商业的用途，人们可以在这里设个摊位，为香客提供纪念品和食物。

　　阿波罗和雅典娜的神庙构成了圣域的中心，在希腊人看来，他们甚至就是宇宙的中心啊！所有的城邦都希望和这个神圣的地方挨得近一些，于是乎在上山朝拜的路上，各个城邦出于还愿的目的，都向圣域奉献了自己的城市象征物，这是一种叫做宝库（trésor）的建筑，它们其实就是一种袖珍的小神庙，入口有两根柱子，里面存放着供奉给神明的供物，四围围以墙壁。这些各具特色的小建筑争奇斗艳，使得狭小的山道好似一个古希腊世界的建筑博览会，当然，这其中最美的还是雅典的宝库，它在道路的拐弯处，朝拜者可以轻易地发现它（图 3-2）。它使用白色的大理石砌就，在陇间壁上有着神灵和巨人作战的雕刻，建筑朴素节制，焕发着内在的美感，这是雅典人在马拉松会战中击败波斯之后所建造的，充满了胜利的喜悦。

　　除此之外，圣域的北面的山上还有一个保存完好的剧院，这是一个祭祀和纪念太阳神的伴神——酒神狄俄尼索斯的剧场，它构成了圣域的终端。在山脚建立剧院

图 3-2　德尔斐的圆形神庙　｜　图 3-3　德尔斐的雅典人宝库
旁白：圆形神庙和雅典人宝库是德尔斐最为优秀的两座建筑，它们体现了希腊不同时期建筑的风貌，雅典人宝库具有节制、端庄和结实的品质，这是早期建筑的特征。而圆形神庙则追求别致和华美，这是晚期建筑的特征。

是希腊人的常规做法，这个山上的剧院让人们看戏变成了很辛苦的事情，看样子为了阿波罗神庙的香火，德尔斐的人们牺牲了很多。

在圣域外围的山顶还有一个狭长的体育场，就是现在，附近村庄的年轻人还在这里踢足球。它是四年一度的皮同运动会的举办地，这个运动会是用来纪念阿波罗射杀大蛇皮同的神迹的。在古代，它的重要性同奥林匹克运动会旗鼓相当，也是具有全希腊影响力的重要祭典，在运动会举行的时候，必须保持和平，这也为战事不断的希腊世界带来了宝贵的喘息机会。

在圣域的山脚下还有一个美妙的建筑——圆形神庙，它在建筑史上的重要性远远胜过了设计保守的阿波罗神庙。这个神庙的完美的圆形平面可能是它最为独特的地方，它使得神庙的庄严和婉约的柔美结合起来。善于模仿的罗马人在自己城市的广场上也曾建造过大量女灶神维斯塔的圆形小神庙，这座神庙应当是灶神庙的滥觞。神庙的建筑师是来自富西亚的西奥多罗斯，神庙显然是他的得意之作，因为他还为此建筑专门撰文。神庙的外围柱廊使用 20 根黑白相间的大理石多里克式柱围合，在内部却是一圈 10 根科林斯式柱，建筑史家认为这种把两种柱式混同于一个神庙的灵活设计手法来源于巴萨的太阳神庙（图 3-3）。在今天的旅游者看来，神庙仅剩三根柱子的残垣断壁在德尔斐的蓝天白云之下仍然是一幅让人心醉的风景。

这些建筑都和上山路上的宝库像繁星般衬托着中心的太阳神庙。虽然在平面图上看不到清晰的轴线，但是每一个朝拜者都会感受到规划的匠心：山路折了一下，形成"之"字形，那是为了创造更多的空间以容纳无数的宝库、祈愿柱，也使上山路不显得太过陡峭和单调（图 3-4、图 3-5）。

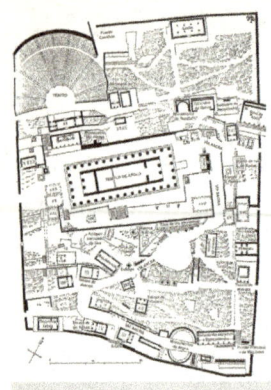 

图 3-4　德尔斐圣域平面　|　图 3-5　德尔斐圣域模型

旁白：德尔斐圣城在现代的城市规划者看来也是极有价值的古代标本，芒福德就在著作《城市发展史》中对其大加赞誉。对于在一块陡峭、狭小但是风景优美的重要地块上，如何使众多性质相异、体量不同的建筑物合理地配置，德尔斐城规划者的做法是把众多建筑物组合成三个群落：一块在山顶，是运动场；一块在山腰，是圣域；一块在山脚，是一些次要神殿和古代陵墓。其中用围墙围合的圣域又分为三块：最高处的剧场，中间的阿波罗神庙和下方的宝库。观其整体，序列井然，张弛有度。

德尔斐的财富

当一个古代的人来到德尔斐，除了浓厚的宗教气氛，他最大的感受一定就是德尔斐的富有，这是只能看到光秃秃的石头的现代旅游者所感受不到的。在古代，为了答谢德尔斐的神恩，希腊各地向德尔斐敬献了大量的财富，前文所述的吕底亚国王克洛伊索斯是这些神庙供养者中最负盛名的人。

根据希罗多德详尽的叙述，我们知道这位极端富有的国王在和波斯人交战之前曾在此地举办大规模的祭祀以取悦太阳神，他敬献了许多昂贵得吓人的东西。为了研究和了解古代德尔斐曾拥有的崇高地位，这个财物的清单还是值得一读的：首先是适于作牺牲的牲畜 3000 头，又有包着金银的卧床堆积如山，以及黄色和紫色的长袍无数。在献祭仪式结束的时候，重头戏来了：皇帝献上 117 根超粗大的金条，其中还有两条特粗的，重 2 个塔兰同（50 千克），他还献上了一个纯金的狮子，重 10 个塔兰同（250 千克），这个巨大的金狮子在希罗多德时代还放在科林斯人的宝库里。除此之外，还有金和银的大混酒钵，它们被放在阿波罗神庙入口的两侧。还有四个银质酒瓮和一些不太珍贵的祭品。在这些礼品中，有一个金质女像颇为引人注目，德尔斐人说：这是国王的小妾，她曾是个烤面包的女郎。这也是希罗多德听来的八卦。

许多年过去，克洛伊索斯存放在德尔斐的财富已经成为一个诱人的神话，把无数个贪婪的侵略者吸引过来，波斯国王泽克西斯就是其中的一个，据说他对阿波罗神庙里的宝贝，比对他自己王宫里的财富还要清楚呢！当波斯军队大举进攻到德尔斐时，德尔斐的居民吓坏了，因为他们人数很少，自顾无暇，更无力保护神庙和祭品。于是他们去问神谕，是将圣财埋起来还是转移到别处？神很有志气，他说大难临头各自飞吧,他自己会保护自己。于是人们都跑掉了,只有神庙的一个预言者留了下来。

当波斯人逼近的时候,怪事发生了,摆放在神庙内室的神圣武器自己出来了,摆在神祠的前面,当侵略者靠近雅典娜柱廊的时候,天上忽然响起了炸雷,帕尔纳索斯山的两个山峰被打下来,它们带着巨大的轰鸣从他们的头顶压下来,把波斯军队击垮了。在这时,人们都听到在雅典娜的圣殿里传来令人毛骨悚然的胜利呐喊。

在这种恐怖气氛下,不信邪的波斯人开始逃跑,留下来的人们胆子壮起来,并开始从山上跑下来追击逃兵。但是神的打击还没有结束,这时不知从哪里跑出来两个巨人,凶神恶煞般地击杀波斯人,德尔斐的居民却认出他们就是当地的两个已经逝去的英雄——披拉克斯和奥托诺斯,祭祀他们的圣域就在阿波罗神殿附近,大难临头,他们也跑出来保卫家乡了。

就这样,德尔斐经历的最大灾难就这样化险为夷了。虽然在其后的伯罗奔尼撒战争中,由于经费紧张,人们又打过几次神庙圣财的主意,但是对于神灵的畏惧终

图3-6　祈愿柱顶部雕塑
旁白:祈愿柱是一种希腊中晚期的雕塑样式,多竖立于祈愿的圣地和墓地。柱头蹲坐着神话中的怪兽,多为斯芬克斯、格里芬等,形制和我们中国的华表很相似,在一个地域中起到标示空间的作用。

图3-7　德尔斐驭手
旁白:青铜驭手为我们留下了古代大型青铜雕塑的实例,青铜的雕塑在历史中大多被回炉熔铸为其他用途,它的前面肯定还有威武的驷马战车,这都是奉献给神庙的圣财,在当初可能就放在神庙前的空地上。这件雕塑十分精美,驭手年轻俊美的面庞可以看到精雕细刻的睫毛,黑白分明的瞳仁,它使我们认为古希腊雕塑只是由白色的,不施色彩的大理石雕就的传统观念不攻自破。

图3-8　青铜蛇残件
旁白:青铜蛇是一件托举祭祀器皿的托架,它表现为三个缠在一起的蛇,上面还有三个蛇头,它是马拉松战役之后,雅典人敬献给德尔斐阿波罗神庙的,蛇象征着被阿波罗击杀的巨蟒皮同,三条蛇扭在一块又象征着希腊世界的团结,可惜这种希望团结的愿望在希腊世界的历史中仅仅停留了很短的时间。这是一件凝聚着希腊人智慧和骄傲的重要祭品,历来为人们所重视,在希腊沦为罗马的行省之后,君士坦丁大帝又把它掠到了罗马东都君士坦丁堡,至今仍保存在这座城市的大竞技场中。

于使这些计划流产。在希腊最终变为罗马的一个行省的时候，这些财富都被罗马人接管了，再后来，那些金子做的精致玩意和那些巨大的青铜像都被熔铸了，变成了钱币和兵器，神庙最终也在地震中崩毁。佩提亚的秘密，阿波罗和大蛇，以及克洛伊索斯的金狮子，曾经都那么真切、那么鲜活存在于希腊人的记忆和传说中的东西，都被掠过帕尔纳索斯山的海风刮得无影无踪了。

　　但是德尔斐的宝藏是如此的丰厚，它们甚至无法完全被残酷的岁月剥夺，从19世纪就开始在废墟上的持续挖掘，使支离破碎的德尔斐重新拼合在一块。大量的青铜奉献人像、三脚架、混酒钵、大理石雕刻从神庙前的空地的沟壑里挖出来，这样的埋藏地点暗示着在古代，这些供物甚至没有资格在神庙或是宝库中占有一席之地。当然，也有一些高规格的文物出土，比如德尔斐的驭手，这个高个子的青铜青年气定神闲，伫立如松，在驾驶着一个看不见的驷马战车，他那英俊的面庞上看得见象牙的眼白，黑宝石的瞳仁和长长的睫毛，红铜制作的嘴唇还闪烁着红润的光泽……（图3-6至图3-8）。在德尔斐的考古博物馆里，我们会感到王图霸业转眼即逝，但是看似脆弱的艺术，却超越一切，把昔日的辉煌原原本本地告诉我们。

4 世界帝国的圆心：

古罗马老广场

如今到罗马游玩的人们都会看见有一个母狼在哺育婴儿的雕塑，那两个婴儿就是罗马城的奠基者：罗慕路斯和雷穆斯。那么他们为什么选择这片土地创立自己的城市，又为什么自相残杀呢？下面就请读者一边在长满青草的老广场散散步，一边心平气和地听一听这个有着关于兀鹰和母狼的黑色童话吧。

罗马与母狼

阿尔巴国王有两个儿子，他把自己的遗产分为两份：王国和财富，让这两个儿子自己选择。努米多选择做国王，阿穆留斯比较有心机，他想，我若有了财富，会更有办法，到时再把王位给夺回来不就成了？阿穆留斯害怕努米多会有继承人，就害死了努米多的儿子，并说服努米多让努米多的女儿伊莉亚成为灶神的女祭司，灶神女祭司是不准生育的，伊莉亚要保持处女之身至少30年，如果违反规定，就要处死。

但是伊莉亚还是怀孕了，并生了两个可爱的男孩，人们猜测引诱她的人是英俊的战神马尔斯。这事被阿穆留斯知道，他遣一个仆人偷走了这两个婴儿，并嘱咐把他们丢在荒野中。仆人有些不忍心，他把婴儿们放在一个小木槽中，把小木槽放到了水势暴涨的河流中，但是河水把孩子们安全地推到了岸边。

这两个孩子的哇哇哭声引来了一头凶狼的母狼，母狼看到了这两个人类的孩子，竟然产生母性，用自己的乳房哺育起他们，这两个饿坏了的孩子毫不胆怯地喝起奶来，这时又飞来一个啄木鸟，它也帮着母狼照顾这兄弟俩，有了这些善意的动物，小孩子们健康地成长起来，在他们稍大的时候，就被附近的牧猎人收养了，哥哥取名叫罗慕路斯（意思是喂奶），弟弟叫雷穆斯（意思是奶头），以纪念他们特殊的哺育经历。这两兄弟逐年长大，变得高大英武，他们开始试着从事保护和管理村庄的任务，显示出非凡的才干和勇力（图4-1）。

图4-1　母狼哺育双生子
旁白：罗慕路斯和雷穆斯被母狼哺育的故事广为传颂，罗马人的近邻埃特鲁斯坎人就创作了一个母狼的青铜雕塑，这只母狼筋强骨壮，奶头鼓胀，眼神警觉，显得生气勃勃。在文艺复兴时期，雕塑家又在下面增添了两个强壮的婴儿，完成了这件杰作。算起来这是创作时间跨度最大的一件作品，竟达一千多年，如今它被保存在卡比多山的博物馆，已经成为罗马的象征。

　　这两兄弟最后得知了自己的身世，并带着一批人马把坏人阿穆留斯赶走了，当时他已经篡了努米多的位，做了国王。但两兄弟不想依靠祖荫，过着平庸而慵懒的日子，于是把王国留给自己的外祖父努米多，并决定靠自己的力量创立一个新城。

　　他们找到一个有七座小山环绕的美丽丘陵，还有一条清澈的河流从旁边流过，好美啊！他们不禁停下来欣赏。正在这时天上有一群兀鹰飞过，罗慕路斯想到大英雄赫拉克勒斯每次在行动前都会看到兀鹰，预示着伟大事业的开始，是一个大大的吉兆。那么就在这儿吧，兄弟俩当即就决定下来。但是关于兀鹰的数量却说法不一，雷穆斯说他看到六只兀鹰，罗慕路斯却说他看到了十二只。两兄弟争执起来，雷穆斯觉得自己看到的兀鹰比哥哥少了一半，居于下风，心里面有点不高兴。

　　这种不高兴很快又引发了新的矛盾，对于城墙所应当围绕的地段，他们出现了意见分歧，哥哥选在帕拉丁山的北侧，而弟弟偏爱南边的阿温丁山一带，彼此选择的地段相隔一千米。于是，当罗慕路斯正在大汗淋漓地挖一道壕沟的时候，捣蛋的雷穆斯却跳过壕沟，大声嘲笑他的哥哥："在这里挖可是白费劲呦！"这让罗慕路斯大为光火，他大喝一声："谁敢越过我的城墙，我就要他的命！"同时抢起挖土的锹，以迅雷不及掩耳的速度砍死了他的弟弟。罗慕路斯杀害弟弟的残忍做法就这样定下了日后罗马民族强悍勇武的气质和基调。

　　新城建好了，以罗慕路斯的名字命名，就叫罗马。这一年被严谨的罗马历史学家精确考证出来，按照希腊式的纪年法，是第六次奥林匹克运动会之后的第四年，也就是公元前753年。罗慕路斯的祖先据说是希腊的大英雄埃涅阿斯，这位英雄是战神和爱神的私生子，因此战神才派狼和啄木鸟去保护这一对双生子，因为这狼是战神的吉祥物，而啄木鸟是农业神庇库斯的化身。

帝国的圆心

罗慕路斯为了保佑这个他亲手创立的城市日后的繁荣昌盛，特意从托斯坎尼（意大利中部大省）请来熟悉宗教事务的智者，在有十二只兀鹰飞过的吉祥之地举行一个宗教仪式。仪式据说是这样的：先挖一个大圆坑，称为"天堂"（Mundus），它是女神希瑞斯为人类灵魂进入冥府而特意准备的通道。这个坑很神秘，平时都用大石头盖着，但在庄稼丰收的时节，就要把所有作物的头一批收成的一部分投入坑内，希求好心的希瑞斯女神保证来年的丰收。同时，他们还不怀好意地从邻邦搞来泥土投入坑中，认为这样他们就会很快地把这些邻邦的领土搞到手。

他们如此重视这个圆坑，以至于把它作为圆心，将整个城市包围在一个圆周之内，接着由国王罗慕路斯带头，赶着耕牛走完这个圆周，耕牛驾着装有青铜犁头的犁耙，当耕牛把土地犁出深深的沟壑的时候，后面跟着的人要把翻出来的土都堆在朝向圆形的内侧，不许一块土地落入外人的手中。青铜犁头所过之处，乃是罗马城神圣不可侵犯的领土，罗慕路斯这个凶狠的战神之子，在此之前已经毫不留情地杀死了他那企图越过城墙的孪生弟弟以儆效尤，如今还有谁这么大胆去捋这虎须呢？有趣的是，国王以犁田的方式来划定城市边界的这种古老仪式，在一千年后，君士坦丁大帝划定帝国的新都——君士坦丁堡的时候又上演了一次，君士坦丁大帝仿佛意识到这里会发展成一个规模极大，不亚于罗马城的都城，为了避免重蹈罗马城市规划不周出现的混乱局面，雄才大略的君士坦丁大帝在一开始就犁出了一块极大的土地，远远超出当时人们对于城市规模的想象。多年以后，君士坦丁堡真的变成了一个壮丽的东都，繁荣华丽甚至超过了罗马。

多少年过去，罗慕路斯看见十二只兀鹰的故事渐渐被人们淡忘，"天堂"圆坑也随着希腊诸神的进驻而被废弃，但这片位于两山之间，不大而古老的城市中心却以它藏风纳气的极佳风水被一代代人们运用得风生水起。他们在这里建立了许多重要的建筑，祭祀他们的神灵，纪念战争的胜利，并对国家大事进行商议和表决。日复一日，罗慕路斯怎么也想不到，当年他小心翼翼圈起来的圆圈，后来竟把地中海都圈在了里面。随着罗马共和国的急速膨胀，这片空地的重要性也在降低，当它已变得十分拥挤的时候，人们只得抛弃它寻找新的城市中心。当罗马城被历史的尘埃覆盖、地坪逐年抬高的时候，这片圣地却可贵地保存着罗慕路斯时期的样子，这就是罗马的罗曼鲁姆广场（又叫老广场），关于罗马城市发展的历史，我们就要从这里说起。

卡比多山

在参观老广场之前，让我们先参观一下著名的卡比多山，它曾是罗马城的要塞，守护着城市的核心，这个小山坡在罗马七山中是最神圣和威严的，因为人们在山上修建了大神朱庇特的神庙。神庙始建于公元前6世纪，后来又经过了四次毁坏和重修，可是现在已经连一块木头片也找不着了。这是一座尺度巨大、装饰华美的神庙，坐落在高高的基座上，神庙前台阶两侧的大烛台终年燃着香火。神庙外围的科林斯

图 4-2　罗马的卡比多山神庙群落　|　图 4-3　罗马七山

旁白：卡比多山上坐落着大神朱庇特（拉丁名），他就是希腊神话中的众神之父——宙斯（希腊名）。他手持雷电杖，住在奥林波斯圣山上，罗马人吸收了这个神话，并把朱庇特的庙安在卡比多山上，认为此山是世界之山（虽然它很矮小），而罗马城是宇宙的中心。凭什么它就比其他的山重要呢？从右图可以看到，卡比多山的重要性其实来自于它的战略意义，它扼守着罗马城的西部边界，南边是台伯河，北边是奎里尔洛山，形成天然的防守屏障。

式柱特别华美修长，在罗马根本就找不到这样纹理美丽、质地坚密的大理石，人们猜测这些柱子可能掠夺于雅典的奥林匹亚神殿。这些科林斯式柱彼此间距阔大，组成了一个极为宽敞的门廊，人们透过它们可以看到神庙装饰华丽的木头天花板。神庙的山墙雕刻着奥林波斯山上的众神，众神带着骄傲的神情俯视着前来祭祀的人们，而顶上装饰着陶土制作的朱庇特驾着驷马战车的威武形象（图 4-2 至图 4-4）。

这座神庙过于注重装饰的华美而忽略了整体的和谐，和神庙整体的庞大相比，科林斯式柱显得瘦骨嶙峋，弱不禁风；而金碧辉煌的装饰显得有些俗气而不庄重。但是不可否认，这个神庙的建造只有罗马的豪奢才能够支付啊！根据普鲁塔克的记载，在图密善皇帝时期，为了重修朱庇特神庙，光是鎏金的屋顶和黄金铸造的大门，就花费了 12000 塔兰同，相当于现代的 1 亿美元。当时的财务官马修就向皇帝提出意见，非得挪用修建耶路撒冷神殿的经费了，要不然的话，皇帝陛下哪天财务告急，向神庙索要欠款，朱庇特就是把奥林波斯山给卖掉，也还不了十分之一啊！

在那个时代，做一个朱庇特神的大祭司是最为神气的事了，他们又称为燃火祭司，是直属于国王管辖的祭司团体。他们有很多禁忌，比如不能离开罗马城，不得穿着打结的衣服，不得在阳光下裸露身体，不得访问军队，不能骑马，也不能接触死人。当然他们也非常神圣，如果有人带着镣铐进入他们的住所寻求庇护，这人就会被释放。当初罗慕路斯之后的第二个国王——努马，就拒绝人们给他的王杖和王袍，他说他还没有得到朱庇特的首肯呢！当他登上卡比多山的朱庇特庙，占卜长用袍子蒙住努马的头，将他的脸转向南方，站在他的身后举起右手放在他头顶，然后观望有什么吉兆发生，这时有一群鸟从右手边飞过，占卜长声称这是朱庇特批准了人们的请求，人们欢声雷动，努马才在人神的共同拥戴下登基为王。卡比多山上还

图 4-4　卡比多山市政广场前视图

旁白：卡比多山是罗马七山中最高的山，在王政和共和时代被作为整个城市的宗教中心，相当于希腊城市的卫城或要塞。但是随着岁月的流逝，山上古罗马时期的所有建筑都灰飞烟灭，而在文艺复兴时期，这座山已经成为一片荒芜牧场，绰号"山羊山"。这种破败情形让当时的教皇保罗三世颇感羞愧，于是决定让大艺术家米开朗基罗着手策划和翻建山上的广场。这是一个成功的决定，如今米氏的大手笔已经为卡比多山广场赢得了比古罗马时期朱庇特神庙更高的声誉。米开朗基罗重新设计了这个广场，使其不再面向罗曼鲁姆广场，而是面向圣伯多禄大殿，它代表了罗马城新的政治中心。他设计了一个新的宫殿新宫，重新设计了保守宫，与元老宫一致。他在那里增加了一个对跑楼梯，用来进出面向广场的新入口。米开朗基罗还设计了台阶和栏杆，通往山下广场中央的马尔库斯·奥列里乌斯皇帝骑马雕像。这个杰出的规划塑造了一个平面方正、视角集中、风格统一、造型端庄的广场空间，同时他还用辐射状椭圆形的地面铺装和精巧的雕塑使规划的每个方面统一起来，成为文艺复兴时期规划设计的经典。

有其他神庙，比如战神马尔斯神庙，但是它们就小得多了，拥簇在朱庇特庙的身旁充当它的扈从。

罗曼鲁姆

　　沿着卡比多山的山道走下来，向北面走，就可以看到罗曼鲁姆广场了！山脚下就有一座辉煌的、造型方正的官式建筑，它的侧面和卡比多山之间形成一条狭窄的下山道。这座建筑有着连续不断的拱洞门，每一个门洞里还有一尊塑像，在平屋顶上也竖立着一尊尊雕像，无数的雕像闪着耀眼的金光，人们说这是一个官方档案馆，也是古籍善本和国家财富的存储地点。正是由于罗马人对于历史的重视和不懈记录，我们才得以了解罗马从一个小山村变为一个世界帝国的发迹史。

　　下了卡比多山，首先看到的最大建筑就是年代较晚的农神庙。罗马是个农耕民族，人们认为农神是大神朱庇特的父亲，因为躲避朱庇特的迫害来到了罗马，并教会人们种田的技术。农神庙可是个很重要的建筑呦！因为它是整个罗马共和国的金库，战争掠夺来的金银和殖民地缴纳的贡赋都保存在这里，把财宝保存在神庙里是古代世界的通识。现代的旅游者还能看到它残留的八根花岗石的爱奥尼克柱子，这座平面狭长的神庙站在一个小三岔路的路口。为了让来自于每个方向的参观者可以观看到它，罗马的神庙都建立在视角很好的三岔口，所以他们有一句俗语就叫"三岔口的神"。值得一说的是，罗马人是一个爱面子的民族，他们的建筑特别注重门脸的漂亮，但是爱好追根究底的参观者往往会失望地发现许多神庙的背面就是一面相当寒碜的灰泥墙，和正面华丽的门脸形成很大的反差，这种特征甚至反映在那座雄伟的朱庇特神庙上。但是在农神庙，我们可以看到建筑风格的始终如一：神庙的四围都是柱子，前面是六柱门廊围住宽敞的玄关，而神庙后面的神室外墙上也贴着柱子，这显示了罗马人对希腊人优雅的柱廊情不自禁地喜爱，即使他们认为这是没有多大用处的东西。于是他们很实际地让它们成为附在墙上的装饰浮雕，这样可以更为经济地达到美观的目的。

农神庙的旁边是一座占地相当庞大的建筑——朱利阿会堂。朱利阿的名字可能来源于对于恺撒家族的纪念。会堂，顾名思义就是集会的地方，人们在此经商，也商议政事，它是罗马人曾引以为傲的共和政体的一个生动的体现。这座建筑曾以其巨大的体量主控罗曼鲁姆广场，但是岁月无情，如今我们只能看到它的石头地基和三段式的内部格局。会堂建筑可能是罗马人最具独创性的公共建筑样式了，它由一个高大的中殿和两侧较小的侧殿组成，分割中殿和侧殿的是券柱廊，中殿上方是采光的高窗，光线自由地从高窗倾泻下来，使整个会堂内洋溢着鲜明愉悦的天光，这是一个极有意义的发明，从根本上解决了希腊建筑采光不足的问题，同时带有高窗的中殿统帅两个（有时是四个）侧殿的格局也成为后世基督教堂的范本。

在朱利阿会堂门前是一片稍大的空地，是罗曼鲁姆广场的核心部分。在古代，人们在此召开公民大会，并举行逐狼节等节日。在这片空地上，还有一些小型建筑，比如战争的得胜纪念柱，一个好像船头的演讲台，还有最为显眼的赛维鲁斯凯旋门——它扼守着进入卡比多山的道路，这条狭窄的道路贯穿老广场，和朱利阿会堂前面的道路成为老广场的两条平行轴线。

元老院

在朱利阿会堂的对面还有一个艾米利亚会堂，稍微小一些，在它的旁边有一座立方体建筑，这就是大名鼎鼎的元老院，罗马王政和共和时期的政治中枢。仿佛为了遮掩它的权势熏人，它以一种近乎乏味的朴素风格被建造起来：在坡屋顶下面的砖砌实墙上只有四扇不大的窗户，一楼完全隐藏在黑暗之中，让人们禁不住去猜想发生在这里的秘密交易；门厅前也没有柱廊，暗示着这座建筑并不欢迎人们的参观和游憩。

元老院的元老都是权势熏人的罗马贵族，他们商议国家大事，制定法律，辅佐国王，如果没有犯错，他们的职位是终身制的，元老院制度也来自于罗慕路斯，是他挑选了100个杰出的贵族担任这个职位，但是罗慕路斯并不希望这些特权阶层给老百姓以高高在上的优越感，于是苦心孤诣地造出"元老"这个词，好像他们都是一些阅历丰富、德高望重的慈祥老人，绝不会做出鱼肉人民的坏事似的。

但是元老院自从产生的那一天起，它就是王权最为有力的制衡，希望独裁的军事首领总想着用各种办法稀释元老院的权力，在罗慕路斯时代有100个元老，到萨

图 4-5 罗曼鲁姆广场现状（从卡比多山望向帕拉丁山）
旁白：从左至右依次为韦斯帕乡神庙、赛维鲁斯凯旋门、元老院、农神庙、道路、朱利阿会堂、双子神庙、灶神庙。

宾人并入罗马民族时变为 200 人，再后来又变为 300 人，到共和国晚期，独裁者苏拉将名额加倍变为 600 人，到了恺撒时代，他把他所亲信的高卢贵族也并入元老院，就变成了 900 人，这时候元老院就已经成为摆设了（图 4-5）。

灶神之庙

在朱利阿会堂的旁边，有一座神庙正对着艾米利亚会堂，它就是双子神庙，祭祀的是朱庇特的一对勇武无比的双生子，这种崇拜可能是由于罗慕路斯和雷穆斯也是一对双生子的缘故吧，双子神庙只有三根柱子保存下来。紧邻着双子神庙的是奥古斯都修建的凯旋门，它显示出这个皇帝节制和不张扬的特点，这座凯旋门的用处与赛维鲁斯凯旋门相似，即界定了罗曼鲁姆广场的东边。走到这里，老广场的游玩就结束了，但是就在旁边，还有一处值得一说的景点，那就是灶神庙和其女祭司的住宅。

灶神庙是一座小小的圆形神庙，里面供奉着永不熄灭的圣火。灶神崇拜来自于古老的氏族时代，它的理念在罗马共和时期又和希腊的毕达哥拉斯学派的哲学理念产生了融合，这种宗教认为宇宙的本质是火，火带给万物以生命和光明，地球围绕着那个给地球带来生命的火球——太阳旋转，因此，圆形的灶神庙就是太阳的象征。灶神庙的圣火是不允许熄灭的，但是在好几次重大的战争中，供奉圣火的祭坛都遭到毁坏，要再度点起圣火，不能直接使用普通的火花，而要举着一个凸透镜对着太阳，让太阳光聚焦产生精纯的火焰。

在灶神庙的旁边有一个神庙和住宅的混合体，这就是灶神庙的女祭司们的住宅，灶神的祭司们都是出生高贵的处女，因为人们认为纯洁清澈的火焰也应当由贞洁无暇的人来照应。灶神祭司们的职位一开始是两名，后来变为四名，最后变为 16 名。她们为了祀奉灶神，要立誓守贞 30 年，她们从 6 岁就承担这个职位，头 10 年学习她们的职务，第二个10年执行她们的职务，最后10年传授这个职务。完成期限后，她们就可以结婚了，但是出于一种对于宗教的惶恐，她们之中很少有人结婚，终身过着严苛的独身生活。

灶神处女拥有很大的特权和福利，来弥补她们所做出的牺牲，她们会从国家获得很大的房产和财富；也可以自由处理自己的一切事务。在她们出行的时候，有扈从校尉背着权标为她们开道，如果有人冲撞到她们的座舆，这个倒霉的冒失鬼就得被处死；相反地，如果她们出行正碰到处决犯人，这个犯人就不会被处死。

当然她们有时也会犯错，那么只有朱庇特神庙的大祭司可以惩处她们：在一块黑暗的地方，把她们的衣服脱掉用鞭子抽她们。如果她们失贞，就得被活埋。普鲁塔克津津有味地记载了处死灶神处女的过程：犯罪的女祭司先被放在一个担架上，全身覆盖再用绳索绑牢，使她发出的呻吟不被看热闹的人们所听到，行刑的人先把她抬到罗曼鲁姆广场示众，再把她送往最后埋身之所。这是一个小土丘下的密室，位于科林纳城门的旁边，人们在密室里准备一张床，点燃一盏灯，留下橄榄油、牛奶和面包，这就是留给女祭司的最后晚餐。在她走进这个小室之后，身后的楼梯就被拉起，泥土回填，小丘又恢复了原来的样子。

活埋这些年轻美貌的女孩是一件令人伤心的事情，在这一天，老广场所有的人们都用悲哀的眼神目送行刑队的远去，人们都明白失贞并非大的过错，为此一个花季少女却断送了卿卿性命，但除了叹息宗教律法的严格，还能说些什么呢（图4-6）？

罗慕路斯之死

对了，爱好究根问底的人可能会想起本章开篇所说的喝狼奶的罗慕路斯，这位伟大的罗马开创者，最后的结局又怎样了呢？好吧，我就要说说他那悲惨而又离奇的死，来结束帝国圆心的参观旅程吧！

在罗慕路斯统治的晚期，他由于战功赫赫而逐渐变成骄横无比的暴君，他网罗一大群恶狗一般的青年，到处扑杀异己，手段残忍。战战兢兢的元老院议员们暗自决定为民除害，在一次位于城郊的山羊沼泽的演讲集会中，忽然风云变色，日月无光，一阵大风刮过，正在台上演讲的罗慕路斯忽然不见了。但是元老院的元老们一点也不吃惊，他们出面为惊愕的群众解释此事：大家不要惊慌，你们的国王罗慕路斯本非凡人，现在已经升天归位！老百姓可没有这样好糊弄，你们认定元老们杀死了国王，围住元老们要讨个说法，但是人们并没有在现场发现罗慕路斯的尸体，这也是最为让人疑惑之事。

这时国王的一个最为亲密的朋友跑来为元老开脱，他一本正经地说了一个更神的故事：他正在赶路，忽然罗慕路斯穿着金盔金甲，神威无比地降临在他的身边，告诉他说，自己就是战神奎林努斯，要人们别忘了对他举行祭祀。由于这位贵族很有威望，人们就相信了元老们的清白，高高兴兴地在卡比多山上建立了战神奎林努斯的神庙。

但是罗马的史学家很具有无神论的精神，据他们考证，正是这些元老们用阴谋

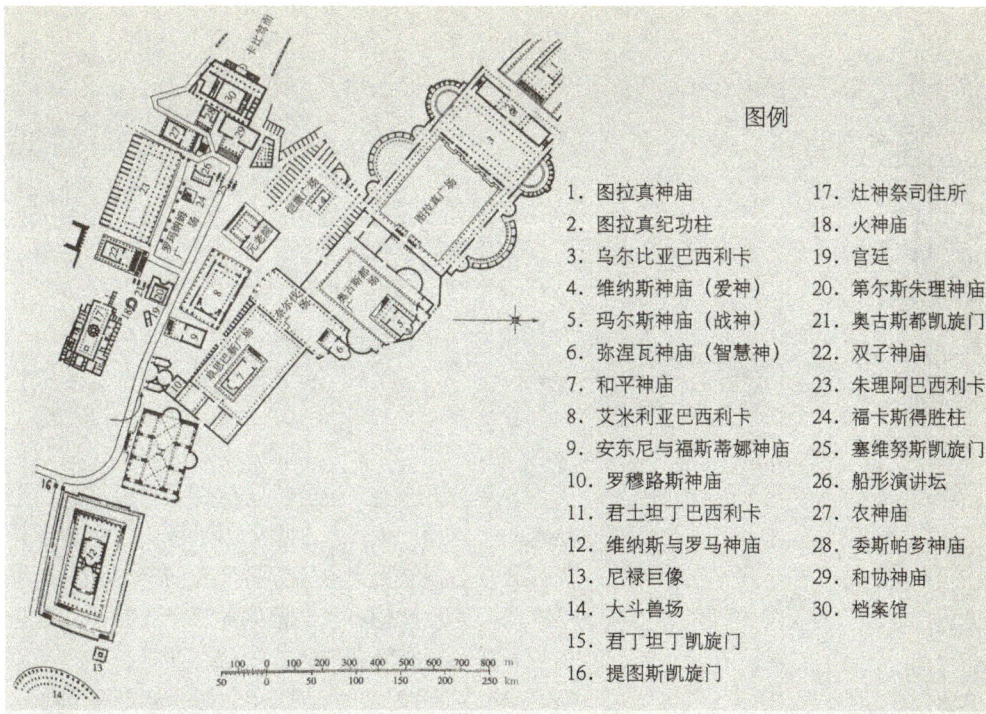

图例

1. 图拉真神庙
2. 图拉真纪功柱
3. 乌尔比亚巴西利卡
4. 维纳斯神庙（爱神）
5. 玛尔斯神庙（战神）
6. 弥涅瓦神庙（智慧神）
7. 和平神庙
8. 艾米利亚巴西利卡
9. 安东尼与福斯蒂娜神庙
10. 罗穆路斯神庙
11. 君士坦丁巴西利卡
12. 维纳斯与罗马神庙
13. 尼禄巨像
14. 大斗兽场
15. 君丁坦丁凯旋门
16. 提图斯凯旋门
17. 灶神祭司住所
18. 火神庙
19. 宫廷
20. 第尔斯朱理神庙
21. 奥古斯都凯旋门
22. 双子神庙
23. 朱理阿巴西利卡
24. 福卡斯得胜柱
25. 塞维鲁斯凯旋门
26. 船形演讲坛
27. 农神庙
28. 委斯帕芗神庙
29. 和协神庙
30. 档案馆

图 4-6　罗曼鲁姆广场和帝国广场平面复原图

旁白：这是恢复了罗马城的城市中心在罗马帝国全盛时期的规划布置。左面是老广场，大致建造于共和时代，有两条主要交通流线，一条贯穿奥古斯都凯旋门，经过农神庙和朱利阿会堂，是古代的圣道，人们在游行集会时会抬着神像从此经过，另一条贯穿赛维鲁斯凯旋门，经过艾米利亚会堂和元老院，这条道路显然年代较晚。在这张图的右面，是一系列规模庞大的广场群落，位于元老院北面的是一个狭长的广场，这是恺撒建造的广场，包含一个供奉维纳斯的神庙，她是恺撒家族的保护神。在恺撒广场旁是奥古斯都建造的广场，占地几乎是恺撒广场的一倍，还添加了演讲用的半圆会堂，里面供奉战神庙；最靠西的是图拉真广场，它的规模最为庞大，设计也达到了尽善尽美的地步，成为后世广场设计的典范。在这三个广场的东面，还有一个韦斯帕先皇帝造的广场，造型方正，但缺乏韵味，它毗连着著名的"维纳斯与罗马"神庙和君士坦丁会堂。

杀害了罗慕路斯，并把他分尸，然后每个人身藏一个尸块离开了现场。罗慕路斯就这么被他亲手选出来的精英给分尸了，暴君得到了应有的下场，并不值得同情。做出离奇和诡异的分尸行为的元老们事后被证明也并非邪恶之人，他们很快选出一个仁慈能干的国王——驽马，用他的仁政代替罗慕路斯时代的暴戾。

多少年过去了，罗慕路斯的兀鹰早已飞走，石头柱子也已坍塌，铺着碎锦石的地面长满了萋萋芳草，时常有牧羊人唱着哀伤的调子缓缓地从凯旋门下走过，夕阳把他长长的影子投在了圣道上。在文艺复兴时期，这个世界帝国的圆心已经变成了一个放牧的地方。一切都在告诉人们：那个凶狠残暴的罗马已经故去，罗马城又变得像罗慕路斯时代之前那样安详宁静了，但是罗马城的光荣历史并未随着鹰背远去，英雄们的悲壮故事还传唱在人们的口中，还存留在发黄的书页之中。

5 幸福水生活:
古罗马的供水体系

古罗马人创造了最为先进的供水体系,他们为此发明了渡槽、水塔、喷泉和下水道,这些有用的设计至今还在被后人沿用,散发着智慧的光辉。但是现代人面对这些古代遗迹难免会产生疑问,这些水是如何运用和管理的呢?它们从哪里引来,又流向何处呢?

为有源头活水来

希腊哲学家毕达哥拉斯认为气、火、地和水是万物构成的四大要素,仰慕希腊文化的罗马人恭谨地接受了这个理念,但和希腊人的形而上不同,罗马人对此似乎有不同于希腊人的深刻认识,他们供奉灶神,小心翼翼地保存神圣的火种,而对于水的使用就更为慎重。世界上有很多城市,如巴比伦、长安都发展到罗马那样庞大的规模,但是洁净的水源从未对古代的人们产生过如此强大的吸引力,人们也从未如罗马人一般投入过如此巨大的精力来为城市源源不断地运送这些健康的水源。

从维特鲁威的著作中可以了解到,对于水源的注重来自于对健康的注重,罗马城曾经遭遇过一阵可怕的瘟疫,人们向神灵祈求援助,神谕告诉人们想要抵御瘟疫,就要饮用干净的水。事后,罗马人一直把引入健康水源作为生产生活的头等大事,他们建造巨大的水池,架设石质巨龙般的引水渠把山间清澈的泉水和冷冽的地下水引入城市,因此在引水工程之前,有一个必要工作就是找水源。

相比于那些一望可见的河水,维特鲁威更注重探索寻找地下水的方法,他发现的方法对于今天探险者的野外求生仍然是很有益处的,比如在太阳升起之前,身体趴在地上，下颚支在地上，观察附近土地上是否有湿气弥漫上升到空际，如果有，那就是有地下水，下颚支在地上是为了准确定位不致晃动，从而准确地找到这个地方。有些地方的水质是不好的，比如黏土、砾石下面的水量很少，也不好喝；黑色土下面的水很好喝，但水量太少；只有细沙石下面的水，量大又好喝。就和现在的人们爱喝纯净水一样，古罗马的人们也偏爱山间岩石和山麓地带泉水的清凉口感，他们感性地认为这儿的水质最轻，是水的精华（因为轻的东西总是留在高处）；而不喜欢平原地带的水，因为它们地处低洼，总是被太阳晒得热乎乎的，还带着一股咸味。

水源找到了，就要考察合适的地点建一个蓄水池，混凝土制作的蓄水池通常就位于水源附近的山体上，位于地面下方少许，设置砖砌的或者混凝土的拱顶，以避免阳光的直射，设置有通风口，使水质不致变质发臭，并保持着水池内外气压的相同。早期水源地的蓄水池往往配置铅的输水管，罗马人很快就意识到铅对人体的极大害处，但是他们始终没有找到比铅管更为合适的替代品。值得注意的是，罗马人非常注重水源地的卫生状况，时刻保护它，以免它被污染。著名的暴君尼禄，就因为跑到郊外的水源地游了个泳，可把爱干净的罗马人民给气坏了，大家纷纷指责他，给他暴虐的统治又增加了一个污点。

先进的运水体系

石头的沟渠建得非常牢固，顶部做成拱道，底部产生微微的斜面。由于水源地多在山上，运水管道就得翻山越岭，通过连通器原理将水运送到对面的山头，如果图省事，直接把沟渠铺到山脚，再从山脚铺上山，以此越过障碍，巨大的落差就会产生强大的水压，并把山脚的沟渠冲破。因此在山谷和河流之间，必须架设高高的拱桥垫高运水的渠道，使水以一种较为平缓的方式运达城市，这就造就了举世闻名的高架引水渠——可以看到，罗马人为了喝矿泉水的爱好付出了多么艰辛的努力！

据说是亚述人最早创造了引水工程，但显然是罗马人把它发挥到了极致。如今，这些巨大的石头渡槽的遗存仍然散落在欧洲的乡野和城市之间，述说着帝国曾有的辉煌成就。其实罗马人并非一直就这么讲究健康用水，从罗马建城到公元前4世纪，罗马城的居民都是使用井水、泉水和蓄水池里的雨水，直到公元前312年，罗马人才开始修建第一条引水暗渠。城市的扩张，以及人口和用水量的极速增长应当是引水渠产生的真正原因。

最早出现于罗马城的地上引水渠叫马尔吉亚水渠，这条公元前114年建成的水渠有86千米长，一排排石头拱洞形成的架空桥体就有16千米长。这种雄伟而又实用的装置一定给当时的罗马人留下了十分新奇的印象。但只是在一个世纪之后，这种新玩意就在罗马帝国全境遍地开花，成为罗马先进生活方式的一种视觉象征，这其中以法国南部尼姆城横穿加尔河的渡槽为杰出的代表。

加尔桥是个典型的多功能建筑，这个桥和渡槽的结合体共有三层。下面两层是支撑桥体和通行桥，它的特色在于提供了敞篷双轮马车、行人通行的宽阔桥面。最上层为封闭水渠，有时一个桥体会带着两条平行的水渠，承接不同的水源。罗马人在长期的战争中成为造桥的高手，这种宝贵经验为加尔桥的建造提供了很大帮助。为适应加尔东河水的季节性特点，桥的底层桥墩完全建立在河床岩石上，为减轻洪水的侵蚀冲击，设计者特别在每个桥墩的上游方设计了一个三角形的分水墩结构，以减轻水对桥的冲击（图5-1）。

水引进城市后，先流入蓄水塔，再流入蓄水池，蓄水塔建在城墙上，这样才能通过压力差把水输送到城市的高处。在尼姆的城墙内，人们仍能见到一个圆形的蓄水塔，它带有一个沉淀槽以及一系列闸门和出水口，起一个分流和中转的作用。池底的管道为公共设施供水，如喷泉和澡堂等，而水池壁上稍小的管道则为私人供水，这样的设计保证了在水短缺时，私人用水会被首先切断（图5-2）。铅制和陶制的管道通往富人的邸宅，而大部分的平民住宅没有直接饮用山泉的福气，他们必须要去附近的公共喷泉提水，当然这样的公共喷泉在罗马城有3000多个，他们并不要为此长途跋涉。在有些罗马城市，居民是到蓄水池中取水的，比如庞贝古城的大街上每间隔100米就有一个水池，人们走路不超过50米就可以取到水，如此短的取水距离对于今日很多发展中国家来说都是令人叹为观止的。

整个罗马帝国时期，古罗马城区那超过10条的引水渠每天能够供应14万吨水，每个罗马人每天可以享用1100升（1升=10^{-3}立方米）的水，而现在一般的城市居民用水每人每天仅为200升。可能你会产生疑问：够用就行了，我要那么多水干嘛呢？是的，我们工作勤奋，生活节制，同时又注重环保的现代人，没有那么多闲工夫和水打交道，但是对于以会玩著称的罗马人来说就不同了，他们的娱乐活动，似乎都和水有着密切的联系。

图5-1 尼姆城的加尔渡槽 ｜ 图5-2 尼姆城内的蓄水池（水塔）遗址

旁白：加尔桥的建成与使用有近500年的时间，至今保存良好。它是罗马水道桥中规模最大的一座，充分体现了罗马帝国建筑的辉煌气势和精湛的工艺技能，被人们誉为建筑上的"最崇高的乐章"。整个水渠未用半点砂浆来固定，完全凭借古罗马工程师的精湛技艺，将一块块重达6吨的巨石堆叠起来，有的石块突出在外，构成支放脚手架的结构。该桥长度是下短上长，但从横断面看，却是下宽上窄，十分符合力学原理，有利于桥的稳固。此外，下层桥拱大，利于泄洪，上层拱小，则便于建造和减轻桥体重量。而桥拱是独立的全弧拱形相互连接，有较强的稳固性，加尔桥把厄尔的泉水引入这个位于城墙上的圆形蓄水池，它兼作水塔之用。在这里，水会被稍作沉淀，并通过铅制水管运送到城市的各处，这个蓄水池和庞贝的蓄水池是仅存的罗马石质蓄水池，它的直径有5.5米，深1.4米，是直接在岩石上开凿出来的。

幸福水生活

罗马人是一个以军事起家的民族，对于战争的喜爱已经渗透在民族的气质之中，他们惯于在人工湖和角斗场进行战前的海战演习，又在胜利后举行模拟海战的庆典表演，台伯河西岸的一个人工湖就供此用途。为了让它水量饱满，奥古斯都皇帝特意下令修建一条专用引水渠连接此湖。海战演习是一种极为刺激壮观的表演，一时间呐喊声冲天，旌旗蔽日，庞大的战船犹如摇动的城堡，桅杆密如丛林……这时岸边总聚集了大量好奇的围观者，大家激动地呐喊助阵，感受着战争的刺激，同时又不必身处险境，这是多么有趣！

在和平年代，就没有那么多海战演习了，这时候无聊的人们总是在抱怨没有东西可以填补他们的精神空虚，皇帝为了让市民有的消遣，也会定时举办这些靡费万钱的演习，只是场地换成了大角斗场。连接着城内蓄水池的闸门一打开，平时角斗士厮杀的场所就变成了大水池。这时候场地虽然小了些，战船也小得多，但视线更为集中，居高临下看得也更为清晰，最为重要的是，可以舒舒服服地坐着看，大量的泉水让角斗场清凉起来，角斗场上面还有天棚用以遮蔽日光，这可真是一种惬意的享受。

海战表演虽然刺激有趣，但这是一种奢侈的享乐，罗马人还有一种个人可以随时体验的廉价享乐，就是洗澡。正如希腊人没事就爱锻炼一样，罗马人没事就往澡堂跑，由于大家都爱洗澡，所以纯粹的感官享乐又演变为一种社交活动，而人人扎堆的澡堂就成为一个奇异的社交中心。想想看，当大家都脱去了象征身份和地位的衣服，在这一刻没有高低贵贱之分，大家都是自然之子；上司不必板着脸，下属也不必太恭谨；你给我搓搓背，我给你递毛巾；如此"袒陈"相见，还有什么不可以推心置腹的呢？澡堂如此放松身心，缓解压力，这也是它受欢迎的社会学原因吧。

一个罗马人的洗澡过程是这样的：他们先进浴场中央的更衣室，这个更衣室是一个奇大无比的空间，有高高的十字拱顶笼罩，他们在这儿脱下衣服，涂上橄榄油，走到两侧的练习室热身。练习室是一个狭长的露天庭院，有柱廊围绕，澡客们运动一会，把自己弄得一身臭汗，为洗澡找个正当的理由，这种为洗澡而洗澡的做法可真有点本末倒置……接着他们进入温室，温室介于更衣室和热水室之间，由于罗马人设计了先进的辐射式供热系统，温室的热度就是热源的外围自动产生的；温室里并没有水，只是坐在那里预热一下，为洗浴的高潮——蒸气浴做准备。热水室是一个被高大半圆形穹窿顶覆盖的圆形建筑，穹顶下就是热水池，不过更为吸引人的是分布在圆周上的小桑拿室，人们坐在椅子上熏蒸汽，再泡在热水池里，这时候由自己或仆人动手，用金属刮板把全身刮一遍，真是人间乐事啊！如果泡得有些神志恍惚了，就跑到露天的冷水池游个泳，或是用一瓢冷水浇一下头，立马精神百倍，这才算完成一次标准的罗马式蒸汽浴（图5-3）。

洗这样一个澡，半天的时间就消磨掉了，再加上费用只要一块钱左右，更是让闲人们趋之若鹜啊，幸好罗马城有800多个澡堂，11个皇家澡堂，最大的戴克里先浴场能同时容纳3000人洗澡，不用担心人满为患的问题。穷人有了实惠的消遣，

图5-3 戴克里先浴场复原图
旁白：戴克里先浴场是罗马帝国时代最大的浴场，长240米，宽148米，可容纳3000人。主体建筑物为长方形，完全对称，纵轴线上是热水厅、温水厅、更衣室和冷水厅；两侧各有入口、更衣室、按摩室、涂橄榄油和擦肥皂室、蒸汗室等。各厅室按健身、沐浴的一定顺序排列，锅炉间、储藏室和奴隶用房在地下。戴克里先浴场的更衣室面积最大，用3个十字拱覆盖，是古罗马结构技术成就的代表作之一。在各种类型拱券覆盖下的厅堂，形成室内空间的序列。它们的高低、明暗、开合都富有变化，对以后欧洲古典主义建筑和折中主义建筑有很大影响。

有钱人也不会觉得自己的钱花不掉，因为在一个完善的公共澡堂旁边，还配有图书馆、会客室、健身室、餐馆、商店和花园，如此一来，澡堂不仅是个温柔乡，更是个销金窟了。

当然，巨型澡堂对于用水量有着极大的考验，不过不用担心，卡拉卡拉皇帝修建的大浴场就直接连着罗马城最为古老的马尔吉亚引水渠，在浴场的旁边修建着巨大的两层蓄水池，每一层都由30多个小分水池组成，使流过来的水得到合理的分配。

不要以为罗马人只是注重肉体享受的粗人，事实上，他们对于美的感受力和创造力非比寻常，他们着力创造美好的城市景观，因为这是他们幸福生活的自豪象征。公元前30年，执政官阿格里帕就下令在罗马建造50座喷泉和700个公用水池。这50个喷泉缀饰着优美的人体雕塑，喷泉之下的水池总是满溢着。这是一种创造性的公共设施，正如同罗马人发明的渡槽和浴场一样，闪烁着理性和美的火花；而700个用珍贵的大理石装饰的公用水池，被聪明地放置在城市的重要节点：街道交叉处，成为一个社区的天然中心和汇聚人气的宝地。这儿总是聚集着取水的妇女，她们笑嘻嘻地聊着家常，孩子们则在一旁泼水打闹，远行的旅人也能够掬起清凉的泉水，去抚慰疲劳的身心……罗马的生气勃勃因这泉水而增色，华美的喷泉最终成为水文化的极致体现。

水是不是太多了

即使有巨大的消耗量，人们还是发现在供水时，源源不断的水太多了，人们在欣赏罗马城千泉喷溅水花的绮丽美景时，似乎总觉得哪里不对头……是的！聪明的罗马人，他们什么都想到了，就是忘了设计一个水龙头，把水量控制一些，因此引来了多少水，就流掉了多少水，真浪费啊！但情况真的是这样吗？水利专家可不这么想，他们认为：多引来的水不但保证了有足够的水压巨细无遗地满足最为偏远的分支水管，又可以冲洗街道和下水道中的污物——要知道，光是修建那么多的下水道是没有用的，如果没有足够的水流冲刷渠道，渠道也就成了流不动的粪便池和毒气室（罗马人还没有发明现在的污水净化体系）。因此把供水和排污结合，可是一个非常有创意的尝试。

罗马人设计的下水沟渠同样也是很出色的，这是一些坚固的石头隧道，其中最著名的一条叫做马克西姆下水道，它的意思就是"最大下水道"，这条下水道长900余米，高4.2米，宽3.2米，从古罗马城老广场通往台伯河。这个渠系在进行扩建时加了封盖，现在还在部分使用，帝国初期，精于市政建设的执政官阿格里帕还曾亲自坐着小船，进入下水道里视察（图5-4）。

除了主要下水道，还有支线下水道，它们通常就建在道路下面，它们和精心设计的路面排水系统结合使用，并和马克西姆下水道连成一体。在四通八达的公路上都铺设了用于排水的路牙子和沟槽，引导路面的水流到石头砌成的露天排水沟里，稍微倾斜的路基就能把路面上的水排到沟渠里去，在雨季，暴雨倾泻能把下水道里的污垢完全冲走。然而百密一疏，罗马的下水道缺乏阻挡沼气和臭气外泄的过滤装置，而且由于建得太低，台伯河涨水时河水会倒灌进去。

如厕问题

城市供水同样在古罗马人的卫生用厕方面起着重要的作用。厕所可以分为两种：公共厕所和私人厕所。帝国后期罗马城的公厕有144个，都建在公共澡堂旁边，方便人们从浴室外面或里面入厕，也便于使用澡堂里流出的脏水冲洗。罗马人在公厕的设计上同样体现了他们的大手笔，一座大型公厕大约有100个座位，好像这里也一样体现出公共生活的重要性似的。马桶就是一排挖了洞的石头台阶，可以舒服地坐着如厕，天花板很高，空间宽敞！下面就是下水道，座位前有用来洗手的水沟，还有罗马人的厕筹——海绵棒（图5-5）。

而修建管道引水来冲洗私人厕所的情况在当时是极其少见的，实际上很少有住宅连到公共下水道，私厕一般使用厨房的脏水冲刷马桶，民宅里的废水都流到一个封闭的污水坑里，屋主花钱请人定期来清理，囤积下来的残渣可以卖作肥料。对海格里尼姆城的发掘表明，所有的住宅，甚至位于二楼的公寓，都配有厕所，文明和方便的生活方式可见一斑（图5-6）。

  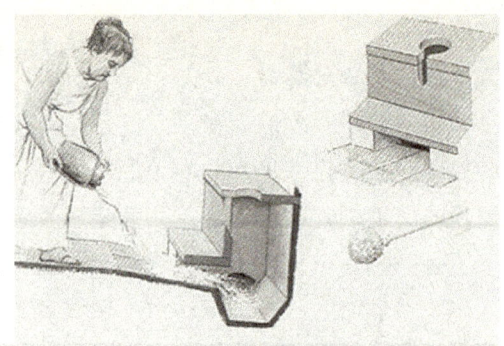

图 5-4 古罗马的马克西姆下水道 ｜ 图 5-6 古罗马人的公厕 ｜ 图 5-5 古罗马人私厕里的马桶

旁白：马克西姆下水道最初只是一条隧道，建设目的是用来排干当地一些沼泽的水。它的挖掘工作大约从公元前 600 年开始，前后历经了 700 多年，越来越多的排水沟加入进来。最终，它被覆盖上，被改造为坚固的石质拱券从而减少疾病肆虐和难闻的气味，让城市看起来更整洁漂亮，并留存至今。也许这才是罗马下水道系统最重要和最卓绝的创新之处。罗马人如此重视下水道，甚至设有一位女神看守着他们的下水道系统，这就是下水道女神克罗阿西娜。任何一个文明社会都能挖一条沟渠通往盥洗室，但是监管和维护一条下水道系统，需要一些非常复杂的工程技术。因此，老普林尼甚至宣称马克西姆下水道作为人类成就的一座纪念碑，比金字塔更惊人。罗马人的公厕不仅有精美的大理石座位，更装饰有众神的壁画和大理石雕像，以避免闲人乱画，因为毁损神像在罗马法律中为重罪。截至公元 315 年，罗马城的公厕据说已经超过 140 个。善于交际的罗马人把公厕开发成娱乐休闲的场所，和公共浴室一样，付一点钱，人们便可以在公厕聚集起来，从事自然行为，同邻里闲话家常，筹划聚会，议论政治，或者接洽生意。

结语

水是万物生长的源头，这在罗马人的生活中绝不是一句空话，他们用极为先进的巨大工程引来有益健康的洁净山泉，使之成为联系生活、娱乐和精神生活的快乐纽带，当这一切被享受完之后，多余的水又把城市的污垢和疲劳冲刷得干干净净。当然人们都得为这种快乐和健康的水生活买单，水管铺设到社区的公共水池，每家每户都得按照人头缴纳水的税收，公共浴场的运营费用则由富人们承担，在这一块，建筑师维特鲁威在他的著作中特意做出了强调。

第二部分
灵魂的居所

6 向上帝走去：苏美尔人的文明
7 灵魂的通道：金字塔的故事
8 战神的门槛：罗马凯旋门
9 宇宙的模型：哈德良万神庙
10 主教的珠宝盒：哥特式教堂
11 理想的教堂：两座圣彼得的教堂

6 向上帝走去：
苏美尔人的文明

迈克尔·杰克逊曾经唱过一首脍炙人口的歌曲叫《天下一家》（We are the World），那么我们不禁发问，既然地球人都是一家，为何却说着不同的语言，产生那样多的不理解和不宽容？如果我们并不是一家人，那么为什么在大家喊"妈妈"的时候，又是一样的声音呢？

变乱之塔

人类最初只有一种口音，一种语言。当他们移居东方时，在示拿地（即古巴比伦）发现一片广阔的平原，于是就在那儿定居下来。他们种植庄稼，建造房屋，日子开始富足起来，到后来他们又学会了烧砖的技术，从此人们就用砖头代替石头，沥青代替灰泥作为建筑材料，建起了宽敞舒适的房屋。但是仰望蔚蓝的天空，让人们产生了无限的幻想，不知天上的神仙过着怎样的日子呢？人们希望和神仙交流，也希望神仙垂听他们的苦难，于是大家合计着造一个通天的塔楼，可以不时地到天上去和神仙交流一番，同时也通过这座宏伟的建筑千载留名。

于是他们齐心协力地干了起来，有人制砖，有人运输，有人砌墙，干得不亦乐乎，塔楼很快耸立起来，似乎已入云端。上帝在天上看了十分担忧，他想："他们是同一个种族，又说同一种语言，他们要团结在一块，还有什么干不成的呢？你看看，现在不就想着爬我头上了吗？不行，我要搞点破坏，变乱他们的语言，让他们无法沟通，这样就无法造塔了。"

于是上帝变乱了人类的语言。顿时，工地上一片混乱，人们忽然发现熟悉的人

图 6-1 巴别塔
旁白：勃鲁盖尔一生特别钟爱这个题材，类似作品画了两幅，这一件尤为精彩。画家表现了螺旋状的砖塔，酷似中世纪的碉楼，近景中人们忙忙碌碌，不知上帝之手已然干涉其中。高塔的背景是生气勃勃的乡村和繁忙的港口，一个野心勃勃的国王正在视察工地，建筑师跪倒在地等候指示。这一幅画的内容简直包罗万象，且极尽精微，显示了艺术家奇妙的想象力和超凡的艺术表现力，单凭此作，艺术家就可名垂青史。

都讲起莫名其妙的话来，工程无法进行下去，只得终止。不仅如此，由于无法沟通，人心再也无法团结，高塔未成，干戈又起。在这种混乱的局面下，操着不同语言的人悲伤地流向世界各地。

这座造了一半的高塔，像一个怪物留在这空荡荡的城市里，对着冷月秋风。这座塔被人们称为"巴别塔"，意即"变乱"（图6-1）。

在美索不达米亚地区漂泊的希伯来人，常常看到荒凉的沙漠上屹立着高塔的废墟，从高塔残存的巨大基址可以想象这塔如建成必然雄伟异常。于是，他们就创造了这则神话来解释这种高塔的来由。但是人类学的研究者发现，这神话并非人们原先认为得那样荒诞不稽。首先，从各个民族的人类语言研究比对的结果看，人类的祖先确实本是一支，当他们逐渐分裂流散之后，语言才发生了变异，这从各个民族对"妈妈"一词的发音都惊人的相似可以看出。此外，关于这些高塔的来由，他们也猜得八九不离十：这些塔确实显现了人类对于天空的向往，因为很多塔尖都涂饰以天空的蓝色。

走向上帝之塔

这些塔中规模最大，也最为著名的是乌尔的塔庙。这座塔庙的外形好像一座简单的层级金字塔，但它只有简单的四层，底层最为宽大，再往上，每座的高度和规模都递减。根据考古学家的猜测，塔庙的四层各有寓意：基层是黑色的，象征地下世界；第二层是红色的，象征人间；第三层是青色的，象征天堂；第四层是白色神庙的所在之地，是月亮神下凡，觐见他的祭司的地方，那是一个只有一个门，并带有雉堞平屋顶的小房子。神话里说，月亮神"辛"会借着星星的飞翔降临这里，通过他的祭司向人间传递一些预言和神谕，同时接受人们的供奉和祭品。和崇尚太阳神的埃及不同，古老的月神在苏美尔人的宗教中占有很重要的分量，他也是乌尔城的守护神。他是一个大胡子的男性神，是太阳神沙玛什和金星女神伊什塔尔的父亲，他们父子三人是天空的联立三神，地位极为崇高。

第二部分　灵魂的居所

虽然塔庙顶部的月神庙很令人向往，但是它早已不存在，人们所拥有的只是基于神话的猜测。而残存的建筑中，最为显眼的就是那高达21米的基座。它是一座坚实的砖体梯形锥台，基底长64米，宽46米。墙壁略略向内倾斜，显示出和埃及建筑的某些相似性。这座巨大基座本身又是坐落在神庙所在地的巨大矩形平台上，而神庙所在的城市又比周边平原高出6米。可以想象，站在城外看，这塔庙倒真的像一座高耸入云的天梯。为什么乌尔塔庙要造得这样高？

人们猜测这不仅仅是为了和神交流，也与发生在公元前3500年的一次遍及两河流域南部的大洪水有关，这次洪水对于人类文明产生了毁灭性的打击，关于它的记忆强烈地留存在所有两河流域民族的神话里。虽然已经过了1500多年，人们还是希望神庙坐落在最远离洪水侵袭的安全地带。塔庙最初坐落在一片拥有其他神庙的圣区一角。

要爬上这座高大的基座，得通过台阶，这台阶有三道，每道有100级。这三道楼梯都在建筑的主立面，其中一条穿过建筑的中轴线，并通往第一层和第二层平台之间的门廊，最后直达顶层的月神庙。从建筑学角度看，通过这三道台阶强调塔庙主轴和主要立面的做法使神庙更具有视觉的凝聚力，也更添威严之感。在台阶之间，建筑师还设立了次一级的扶壁，扶壁呈深深的、凸凹的锯齿状，在两河流域强烈的日光下，它所产生的条状阴影就是建筑最好的装饰。

乌尔塔庙的内核是黏土砖，表面覆以2.4米厚的焙烧砖，在间隔中浇筑沥青以增加黏结，在窑砖中还穿插着排水管道，方便排水和保持室内干燥。人们认为在古代，塔庙上还种着树，就如同自然的山丘般郁郁葱葱（图6-2）。

苏美尔人

塔庙的策划者是叫做乌尔纳姆的国王，他在约公元前2113年建立了乌尔第三王朝，这是一个苏美尔人建立的强大政权，同时也是最后一个。当其后继者巴比伦、亚述、新巴比伦和波斯帝国创造了更为辉煌的成绩时，苏美尔人就逐渐被历史遗忘了。但是要了解两河流域的文明和艺术，必须先要了解苏美尔人的文明，因为当我们拨开两河流域历史的迷雾，呈现在我们眼前的第一个文明缔造者的名字，就是苏美尔人。

这个早慧的民族在六千年以前就发明了文字，拥有了引人入胜的神话，并用各种昂贵的材料制造美丽的工艺品，并创建了一系列著名的古代城市，如乌鲁克、拉伽什、尼普尔、基什，等等。这些城市所显示的成熟的原创性设计，比如锯齿形平面的城墙设计，退台式的巍峨建筑，都被那些后来者忠实地继承下来，成为两河流域文明的象征物（图6-3）。

要想说清楚苏美尔人来自哪里，可不是一件容易的事。他们和闪语系的亚述人、迦勒底人、腓尼基人以及希伯来人不一样，也和印欧语系的波斯人和印度人不一样。闪语族人长着鹰钩鼻、长胡子，面容彪悍，身材高大。苏美尔人的形象"卡哇伊"（可爱）一些，他们矮矮墩墩的身体上穿着长长的羊毛袍子，圆圆的脸上嵌着一双天真

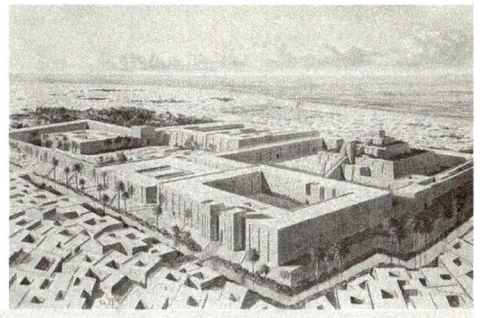

图6-2 修复后的乌尔塔庙 ｜ 图6-3 乌尔城的复原图

旁白：1922年，为了揭开乌尔城神秘的面纱，英国人伦纳德·伍利率领一支联合考古队来到那里。他们很快挖掘出房屋和寺庙楼层的平面基址，并从沙土中挖掘出了大量日常物品。他们发现，有一条干涸的护城河把整齐的王城和未做规划的混乱民居分开。城市的街道比较窄，其中一些街道是规划过的，而另外一些街道则在一幢幢矮小的建筑中曲折蜿蜒。房屋是用泥砖构成的，并围绕着中心院落修建，地板上铺上了芦苇席，家具主要有低矮的桌子、凳子和椅子……虽然不能给人产生震惊的印象，但乌尔城的规划意识已为后来的两河流域城市提供了传承的依据。

的大眼睛，黑黑的短发覆在头上，事实上，他们自称"黑头人"，但是更多时候，他们的脑袋剃得光溜溜的。

他们最先掌握了在干旱的三角洲地带引水灌溉的技术，使底格里斯河和幼发拉底河的水能够分流到离河岸更远的田地中去，由于开凿运河和沟渠需要大量人员的通力合作，他们渐渐培养出了高明的社会组织能力和农业技术，并在河谷地带逐渐形成了几个强大的城邦。这些城市国家之间以运河和界石分割，每个城市国家的中心是该城市守护神的庙。

乌尔塔庙就是一座具有这种性质的庙宇，它的巨大规模也是王国兴盛的象征。它的祭司有时就是国王本人，国王亲自策划神庙的设计，在神庙奠基的时候，国王都会头顶砖土，参与到建筑活动中，当然了，神庙竣工，国王又会和自己的臣民们一起喝酒庆祝。

庙宇除了祭神，还可以当做天文台使用——顺便说一句，古代的祭司都是天文学的爱好者，炎热的夏夜里百无聊赖，如果坐在屋顶上研究星星来打发时间，难道不是一件美事？苏美尔的星象家们就这样日复一日地观测月亮和星星，取得了杰出的成绩：他们确立了将一个月分为30天，把一天又分为24小时，一小时分为60分钟，一分钟分为60秒的计时系统，如此精确和科学的历法和计时法，把早期人类带入了一个无比清醒的新时代，文明发展开始争分夺秒，不再浑浑噩噩。

军旗和竖琴

苏美尔人活在现实世界，他们的观念是神仙住在天上，死者长眠地下。在塔庙旁边分布着苏美尔显贵们的墓葬群，其中由16座大墓组成的王陵中出土了众多的随葬品，展示了苏美尔人非凡的艺术创造。人们可以看到给王后佩戴的由金叶子和金花组成的华丽头冠；一个乌尔军旗上表现了勇敢的国王乘着四匹野驴（野驴跑得可比马快哦)拉着的藤条战车,带领他的士兵去打仗(图6-4);有些彩色冻石印章上刻着裸体的神把猛兽倒提着,并用脚猛踹它。这是一个简单快乐、生龙活虎的人间,直如传说中的黄金时代。只有一个银质的,两头翘翘的独木船模型透出些许死亡的哀愁,据说那是用来给死者渡过阴间河流的用具,现代的旅游者只要是在水流湍急的底格里斯河畔吃过美味烤鱼,就会发现这银色的独木船和现代渔民捕鱼的小船简直一模一样。

图6-4 乌尔军旗
旁白:乌尔军旗可能是乌尔王出征时的门旗,也是庆功的旗帜。其中第一块饰板描绘的是战争情节,主要表现军队的出征与凯旋。第二块饰板则描写了庆功宴的场面;这两块镶饰板全是用贝壳、闪绿石、粉红色的次宝石等,镶拼在沥青为底的板上的。

在众多的随葬品中,有一件特别吸引人们的眼球,那是一个制作讲究的竖琴。琴首是一个金制的公牛头,经历了四千多年它还是闪闪发光。牛的两个眼睛是青金石做的,显得驯良有神。牛的胡须是编制的,好像带了一个漂亮的蓝围巾,不过这很像人的胡子而不是牛的。牛角好像两把弯弯的金镰刀,尖端也镶着蓝宝石。用黄金和青金石这样贵重而美丽的材质制作牛头,说明两河流域的人们和埃及、希腊以及印度人一样,是非常重视农耕的。牛的胸前,也是琴腔前部的窄长条上,表现了一组四个的图画,用贝壳镶嵌在黑色的沥青上,这是他们常用的绘画材料。

这些画面表现了童话一般的场景:在最上一格,是一个蓄着长胡子的大力士,正用双臂扼住两头公牛的脖子,这两头公牛又长着男人的面庞;第二幅表现了两个奇怪的侍者,一个是狮子,一手提着一个希腊式的大酒壶,另一只手拿着酒盏,它的前面是一只狼(或是豺),正费力地抬着一个活动式的案几,上面摆着火腿、猪头等美味,狼的腰上还别着一把匕首,显然是用来片肉的;第三幅画面显示了宴酣酒罢时,助兴的乐队登场,同样也是动物,狐狸在弹竖琴,这竖琴就是这种经典的牛头竖琴,一只大熊在旁伴奏,还有一只更小的动物在摇铃,音响效果还真丰富呢!最后上场的是舞者,领舞的是一个长着蝎子身体的男人,跟在它后面的是一个公羚羊,摇着两个骨头状的摇铃。这些绘画上表现的情境,应当是神灵的宴饮,这些动物也自有寓意,只是我们无从知晓。考古学家猜测,第一幅画面的大力士就是传说中的乌鲁克城的国王:吉尔伽美什(图6-5、图6-6)。

图 6-5　牛头竖琴正面　｜　图 6-6　牛头竖琴复原
旁白：牛头竖琴似乎是苏美尔人极为喜爱的乐器，在墓葬中出土的与王后殉葬的女乐师，即使死了，手也放在竖琴的琴弦上。由此可见，竖琴的历史极为久远，埃及和希腊人都有在宴会上使用竖琴演奏助兴的风俗，盲诗人荷马同时也是一个优秀的竖琴演奏家。

吉尔伽美什

吉尔伽美什是苏美尔大城乌鲁克的国王，活跃的年代大约在公元前 2600 年，这时节埃及人正在修建金字塔。国王是个精力旺盛的大力士，赫拉克勒斯一般的人物，他让人们修筑城墙，人们不堪其苦，向天上的诸神祈祷，祈求神把人们从吉尔伽美什统治的苦难中解救出来。天神决定用另一个英雄制衡吉尔伽美什，他就是恩启都。

恩启都是个浑身长满长毛的野人，还蓄着雄狮般的长鬃。他和狮子一起喝水，和羚羊一块儿嬉戏，他帮助野兽摆脱猎人的陷阱，他就好像荒野中威风凛凛的兽王。恩启都也听说了吉尔伽美什的威名，决定和他角斗一番。可是这场角斗没有分出胜负，英雄们握手言和，成为了惺惺相惜的朋友。他们到处去找那些危害人间的怪兽，并打死了守卫柏树林的巨妖芬巴巴。可是吉尔伽美什得罪了阴险的女神伊什塔尔，她唆使诸神放了一头喷火的凶牛到乌鲁克去，但是凶牛也被英雄们击毙了。伊什塔尔女神没辙了，她和她的女祭司们在城头痛哭凶牛之死。这时放荡不羁的恩启都撕下牛腿，狠狠地扔到女神的脸上，并大叫道："我要是捉到你，我就像治他一样来治你！我要用它的肠子把你捆起来！"

恩启都的话把女神气坏了，不仅女神，甚至天上的诸神都为之战栗：为了惩罚恩启都的傲慢无礼，他必须死！于是他就生起病来，可怕的噩梦折磨着他，吉尔伽美什的呼唤也唤不醒他，恩启都不可避免地死去了，这让吉尔伽美什痛苦，也更让他震惊：死亡竟有如此大的力量，连这样强壮的生命都能夺去！我最终不也要像恩启都那样死去吗？忽然之间，吉尔伽美什找到了新的对手：死亡，他要战胜它！

他奔波在荒漠上，要去寻找人类的始祖乌特·那比西直，据说那比西直是唯一长生不老的人。人们嘲笑他，说他所做的事只是徒劳，但他置之脑后，在越过了重重困难之后，他来到了幸福岛，找到了乌特·那比西直，并问：人是否能长生不死？乌特·那比西直说："自古以来就没有永恒的东西！上帝规定人的生死，只是不给人们知道他的死期！"但是吉尔伽美什聪明地反驳道："你和常人又有什么差异呢，为什么你却能长生不死呢？"乌特·那比西直告诉吉尔伽美什，在经历了毁灭人类的大洪水之后，诸神对于他的勇敢和正直进行嘉奖，封他为长生不死的神。人类始祖又狡猾地反诘吉尔伽美什："你可以永生，除非你不睡觉"，可是他话未说完，劳累的吉尔伽美什就呼呼大睡起来。

不过最后，乌特·那比西直还是向吉尔伽美什泄露了一点天机：如果潜入海底，可以搞到一种让人青春永驻的仙草。于是，吉尔伽美什又费尽千辛万苦去寻找仙草，在他带着仙草返回故里的路途中，他看见一个池塘，就跳进去洗了个澡，结果仙草被一条蛇偷吃了。从此，蛇总是能够褪去旧皮，青春回返，而人类则注定要衰老，不能再年轻。

吉尔伽美什失望极了，坐在那里像个孩子一般哭泣，但是当他回到家乡，看到乌鲁克的巍峨城墙已经在地平线上树立起来，这一切正是在他的领导下完成的丰功伟绩。在刹那间，他所辛辛苦苦寻找的答案忽然显现出来，他又高兴起来。他怀着骄傲的心情，对一直陪伴他的船夫乌尔·斜那比大声说道："你登城巡视一下乌鲁克的城墙，看看它的墙基（看它们多么坚固），它的砖难道不是烧制的吗？它的墙难道不是那七个巧匠砌的吗？"

神话中吉尔伽美什和他的朋友勇敢地向天上的神灵挑战，也不愿向攫取他们生命的死亡屈服，虽然这一切都失败了，但吉尔伽美什却由此明白了一个让他欣慰的道理：英雄的生命虽然终归要逝去，但是他的事业却可以不朽。让吉尔伽美什骄傲的乌鲁克城墙早已荡然无存，可是那个坚强倔强，又带着孩子气的英雄的故事，却和那残缺不全的月神塔庙一起，述说着苏美尔人这个古老民族的光荣和梦想，虽然他们最终还是无法和那未知的神秘世界进行沟通，但是他们留给人类文明最为宝贵的财产，已经在他们不屈的追寻历程中得到升华。

7 灵魂的通道：金字塔的故事

金字塔是古代埃及最负盛名的建筑物，它的巨大形制和完美造型给人以不可磨灭的深刻印象，在19世纪埃菲尔铁塔诞生之前，它一直是人类最为庞大和坚固的建造物，人们对于它的建造目的一直怀有深深的好奇，一种最为大家所接受的说法是：它是法老的灵魂由凡间回到天界的巨大通道。

形制来源

在开罗市市郊的吉萨平原上，竖立着三座巨大的金字塔，它们应当是世界上最负盛名的建筑物了，它们分别由胡夫、哈夫拉和门考乌拉这三位古王国第四王朝的法老修建。这些法老们的疯狂干劲充分体现了"建筑师的天职就是要挑战地平线"的名言，时至今日，它们仍是世界上最雄伟的建筑群，以至于有学者认为法老们的疯狂举动消耗了埃及文明的元气，因为在这些纪念物之后，埃及人再没有建造出像样的金字塔。

虽然金字塔如此显赫，但我们至今都无法提出令人信服的证据来说明法老修建它的真正目的。如果只是需要一个陵墓，为何修建得如此巨大和显眼呢？如果是为了炫耀自己的威严，高高耸立的方尖碑可能是更为合适的形制。一种最为广泛的说法是：古代埃及人出于对极高和极大体量的莫名崇拜，并希望把自己的灵魂托付于如此重要的纪念物，依靠它的不朽来完成自身的不朽，人们感性地认为它象征着太阳从云层中射出的锥状光线，在沙漠地带耀眼的阳光下，金字塔的确给人以此感觉。在这光芒四射的金色阶梯中，法老的灵魂庄严地步入天庭。

除此之外，人们还感兴趣的是，金字塔四棱锥的形制又是如何形成的呢？英国人类学家爱德华·泰勒认为其灵感来源于埃及人堆在田野上的谷堆，或者是对于自然山岳形态的模仿，这些推测过多地考虑了金字塔的文化意义。如果从建筑力学的角度想一想，人们就会发现，如果要以石块叠加这种笨拙的砌筑方式建起一座高达146米的建筑，这可能是唯一的既可行又坚固的方式。我们只要参考一下具有相似形态的两河流域的乌尔塔庙、美洲的金字塔甚至中国的骊山陵墓就可以发现，四棱锥是一种最具有稳定性的石造建筑模式。

演变历程

像所有成熟完美的建筑形式一样，在金字塔之前，埃及人也尝试过别的建筑形态，本着事死如事生的哲学理念，埃及人最早的陵墓模仿了他们的住宅，这就是金字塔的前身——"马斯塔巴"，它是一种由矩形平面升起的方锥台（或称截顶金字塔），"马斯塔巴"的名字可能来源于埃及人常放在门口的小板凳，也有人说这是一种糕饼的名字（图7-1）。这种建筑最显而易见的特点就是从建筑的基部逐渐向上收分，这是以宽阔的基部承载建筑自重的一种笨拙方式，其他民族（如两河流域的民族）都知道通过在外墙每隔一段距离设置扶壁的方式增强建筑的框架体系，以加固立面的承重能力，但埃及人竟把这种笨拙的法子发展为一种别具特色的建筑语言，甚至在新王国时期，他们的庙宇外墙还是延续着这种向上收分的特点，建筑学家把这种样式称为"塔庙式建筑"。

"马斯塔巴"的南侧面往往安置假门，假门重重叠叠，模仿了有好几重门禁的宫殿效果，雕刻很繁华，这可能是"马斯塔巴"外立面最为有趣的设置了，据说是为了灵魂出入而设。"马斯塔巴"的顶部有竖井连接楼梯通向地平线以下的墓室，但这墓室又被从好几个竖井上垂下的石头吊闸封死（图7-2）。大多数"马斯塔巴"是砖砌的，地上部分有10米多高，并不雄伟，富裕的法老们总想着把陵墓设计得更为雄伟，第三王朝的法老左赛尔和他的大臣伊姆荷太普尝试把"马斯塔巴"的形式由大到小重复叠加，形成退台式的金字塔，这为金字塔的诞生迈出了极为关键的一步。

第四王朝第一位法老斯奈夫鲁不喜欢层级金字塔，大概他觉得这像一个人人可以攀登的台阶，他希望建造一个真正的金字塔的愿望是如此的急切，以至于他上来就把唱歌的调给起高了：他把金字塔和地面的夹角设为54°，其陡峭程度超过了所有金字塔（正确角度应当是52°），建到一半的时候，建筑师告诉他按照这个角度造下去金字塔就会坍塌，于是又匆匆忙忙把夹角改为43°，开始起的高调导致跑调，这个金字塔最终的造型看起来有点滑稽，被称为折线金字塔（图7-3）。这让追求完美的斯奈夫鲁很不爽，于是在这之后，他又造了一个真正的金字塔，完成了他的梦想，这座塔被称为代赫舒尔北塔（图7-4）。

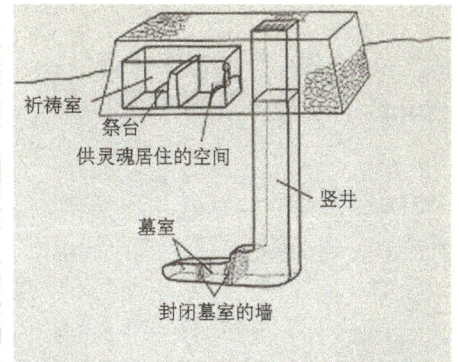

图 7-1 "马斯塔巴"实景 ｜ 图 7-2 "马斯塔巴"剖面图

旁白：吉萨平原有两三百个"马斯塔巴"，大部分修建于第四王朝和第五王朝，按照一定的秩序严格排列。"马斯塔巴"的地表部分内部有一个重要结构，称为祭室，内有刻着死者姓名和生平的石碑，石碑底部还有供桌和死者的肖像，祭室的四壁绘有表现耕织渔猎的彩色壁画，除了正对死者雕像的地方留着一个小孔之外，祭室是全封闭的。墓室在地下部分，存放棺椁和随葬品，往往由一个竖井式通道通向它，在葬礼结束后，竖井被石闸和石墙封死。

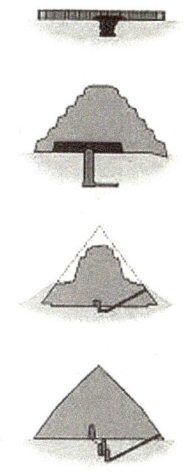

图 7-3 代赫舒尔折线金字塔 ｜ 图 7-4 金字塔演变简图

旁白：金字塔的最早形式是"马斯塔巴"。第三王朝的法老左塞尔首先把"马斯塔巴"拓宽，并在其上修建退台，把其貌不扬的"马斯塔巴"变成了气势恢弘的层级金字塔。右图第三座金字塔叫做美杜姆金字塔，据考证它是一座标准的四棱锥体，不过坍塌了，然而它如同一个标本般透露了金字塔建造的程序问题，因而意义重大。再后来，胡夫的父亲斯奈夫鲁修建了折线金字塔，前朝法老的不懈努力终于使真正的金字塔呼之欲出。

大金字塔

斯奈夫鲁的儿子胡夫和他的建筑师荷米翁（也是法老的兄弟）共同创造了一个奇迹，他们用 20 年建造的大金字塔，3000 年都没有人超越。但是在他统治期间，人民都倒了大霉，所有的埃及人都被动员起来，10 万人在采石，10 万人在建造运石头的路，希罗多德认为修路的工程常常为人们所忽视，其实它只比修建金字塔的活稍微轻一些。修了10年的路最后修好了，十分宽阔，磨得光光的，上面还有雕刻。这条通衢大道也为后面两座金字塔的建造铺平了道路。

接下来才开始建造金字塔，人们很难想象有时候奇迹就是用最普通甚至最笨的办法造成的，埃及人没有发明滑轮，更没有起重设备，他们用圆木滚动的方式运石材，用一种半圆形的简易杠杆把石头一级一级地抬上塔身。希罗多德确定金字塔最先完工的部分在塔顶，接着是塔身，最后是底座。这种说法至少说明塔的每一个部分都是同步建造的。事实上，金字塔的建造技术在古王国末期就已失传，这就说明了为什么吉萨平原上的三座金字塔是三位互相传承的法老所建造，而古王国后期的哈瓦拉金字塔虽然时代晚于前三座塔，却悲惨地坍塌了，只有三分之一的残迹保留下来（图7-5、图7-6）。

   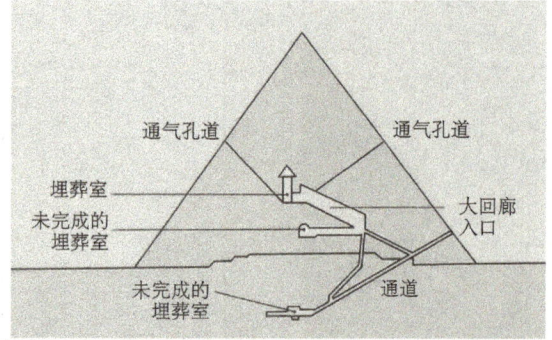

图7-5　胡夫金字塔俯视图　｜　图7-6　胡夫金字塔结构示意图
旁白：胡夫金字塔是最大的金字塔，约建于公元前2580年，完工于公元前2560年，约建了20年。它是古代世界七大奇迹中最古老及唯一尚存的建筑物，其体积约235.2立方米，用了高达230万—250万块石灰岩建造，它原高146米，平面边长为230米，占地面积为5公顷，相当于圣彼得大教堂的两倍多。金字塔的四个面都为等边三角形，与地面夹角为52°。金字塔在建造过程中不断发生改变，因此金字塔中有三个独立的墓室，位于地下的墓室和位于中间的皇后墓室先后弃用，而在国王墓室中放置了法老的花岗岩石棺。从国王墓室和大台阶向外伸出至金字塔外部的两根管道，可能是通风口，也可能是给死去法老的灵魂自由出入的通道。

如果说金字塔中真的存在什么奇迹的话，那就是它所耗费的巨大财力。建造金字塔的石头上的铭文写着：光是工人们买菜花费的银子就有1600塔兰同（1塔兰同=25千克）。即使是法老，也一样闹起了钱荒，寡廉鲜耻的法老动起了歪脑筋：他竟然让自己的女儿卖淫去勒索钱财。法老的女儿和她的爸爸一样，也中了建金字塔的邪，公主要求每一个和她过夜的人都提供一块石头作为嫖资，就这样，她不仅给她父亲筹足了经费，甚至还用多出来的石头给她自己造了一座小的金字塔，这就是大金字塔脚下三座小金字塔中的一座。这个故事是古希腊历史学家希罗多德云游埃及时，人们告诉他的，这个有悖常情的故事无论是否真实，至少说明了，即使过了2000多年，人们仍然清晰地铭记着胡夫的罪恶和荒唐。

石技神工

　　大金字塔有许多神奇的地方，其中一项就是石头和石头之间没有使用连接构件，石头完全靠自身的重量连接在一起。要知道，以这种方式建造这样庞大的建筑物的最大风险在于如何防止建筑的自重把自己压垮，对此，埃及建筑师的做法是尽量使石块之间完全接触不留一点空隙，这样就不会有因支点受力不均而产生断裂问题了。这种构想要求石块的接触面如同镜面一般光滑，如何做到这一点呢？据推测，埃及的工匠先要吊起一块石头，然后与另一块石头互相磨砺，直到这两块石头严丝合缝，再在石头之间涂上一层薄薄的砂浆垫层，以产生完全水平的接触面。它们连接得那样紧密，甚至连一根针或是一张纸都插不进去，这种值得称赞的做法并非只是要让大家惊叹，还在于它是建造金字塔必要的技术要求。

　　国王墓室也是一个让人好奇的地方。一开始，法老还没有摆脱"入土为安"传统思维的束缚，把墓室放在了地平线以下，想想巨大的金字塔压着这么一个小小的墓室，这个方案真让人感到憋气得慌！这样一来，金字塔就纯然成了一个摆设。值得庆祝的是法老终于想通了，墓室被抬高到地面上了！这墓室是一个通高 20 余米的塔形空间，由一段大楼梯通向它，它的顶部用成对的倾斜石板做成三角假拱，在屋顶和棺椁之间，设计师作了五层大石梁，石梁之间留出空隙，这是增加了空间内的纵向支撑以抵挡金字塔顶部强大的下压力。为了减轻下压力，国王墓室偏离了金字塔的轴心，这种做法也是通过经验得来的，因为在国王墓室的下方，被废弃的皇后墓室就是在轴心的正中（图 7-7、图 7-8）。

图 7-7　胡夫金字塔的入口　｜　图 7-8　胡夫金字塔内部通往墓室的大长廊
旁白：胡夫金字塔的入口是由两层石梁拼成一个向上的楔形，是一个简易原始的减压拱，从这一点可以看出埃及人处理建筑的方式一点也不花哨，甚至是十分笨拙的，但石块的大小以及放置的高度一定经过精确的计算，时间证明这些方法是简单而有效的。大长廊是墓室中很醒目的一条结构，它宽 2.1 米，高 2.3 米，上部覆盖着托梁式的穹顶（假拱），由七层石板向内叠涩形成，走廊最高处有 8.5 米。

在考古学家来到国王墓室时,他们发现一个空空如也的墓室和石棺,石棺上还留有一个撬棒。法老的遗体在希罗多德时代就已看不见了,人们甚至猜测他的遗体埋在金字塔靠近尼罗河的一个小岛上,但这种说法缺乏依据。考古学家普遍认为法老墓遭到盗掘的时间大约在第六王朝。法老真傻,虽然在金字塔的脚下曾有看守陵墓的大规模的寺庙群,虽然在前室有三块大石头做成的闸门,虽然墓室里刻着几句吓唬人的咒语,但他把自己的遗体放在这样一个显眼的地方,怎么可能会逃过盗墓贼贪婪的掠夺呢?几千年时光悠悠,法老的木乃伊不在了,财宝不在了,盗墓贼也不在了,只有这大金字塔烧不毁、拆不掉、震不塌,固执地诠释着埃及人对于"永恒"的理解(图7-9、图7-10)。

残暴的哈夫拉

胡夫死后,他的弟弟(参见史学之父希罗多德《历史》书)哈夫拉继承了王位,他也建造了一座金字塔,只比他哥哥的小一点。但是金字塔毗连着一个庄严的神庙和河谷神庙,而金字塔成为一系列建筑群中的高潮部分。除此之外,胡夫时代留下的一块巨石也没有浪费,被具有创意地雕成了一尊神秘的狮身人面像。

图7-9　胡夫金字塔的立体示意图
旁白:胡夫金字塔显示了埃及人的宇宙观,在他们眼里,这个宇宙也如同金字塔一样巨大而简单。除此之外,金字塔所体现的纯粹几何感也让后代的建筑师陶醉。金字塔的设计师酷爱三角形的冷酷和雄性气质,以至于整个建筑的整体和局部都充满了三角形的符号,大金字塔和脚下的三个小金字塔形成的序列感启发了贝聿铭设计卢浮宫前的玻璃金字塔。
图7-10　卢浮宫前的玻璃金字塔
旁白:华裔建筑师贝聿铭把金字塔优美的几何感和现代主义建筑的逻辑性完美地结合,在这座著名的卢浮宫入口设计之前,他就为肯尼迪家族设计了一个截顶金字塔造型的图书馆方案,但是被否决了。当密特朗征集该设计的方案时,贝聿铭把对于四棱角锥的感受更为充分地表达出来,一举竞标成功。这座玻璃金字塔如同钻石般晶莹剔透的现代感与石头砌就的古老宫殿交映生辉,使金字塔这一古老建筑形式再一次重现世间。值得一提的是,该建筑和金字塔一样体现了构造学的奇迹,几十吨重的结构钢梁挑起了两倍于自身重量的玻璃幕,也显示了建筑师对于结构力学的了解。

 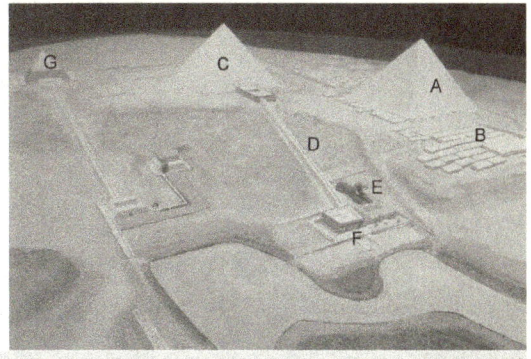

图 7-11　哈夫拉金字塔　|　图 7-12　吉萨金字塔群复原鸟瞰

旁白：哈夫拉金字塔和胡夫金字塔的尺度基本相同，但它有自己的亮点：首先，它很完好，甚至顶部的埃塞俄比亚石材饰面也都保存下来，可以以此去想象它完整时的风采。其次，设计方案的复杂与完整，在它的东侧面的正中有一个祭庙，祭庙连着一条长长的堤道，堤道的尽头是一座河谷神庙，河谷神庙的作用是制做法老的木乃伊，并举行葬礼。在河谷神庙旁边，著名的狮身人面像面对着尼罗河河谷，整个设计节奏分明，高潮迭起，形成富于生机的建筑交响乐。

哈夫拉的天才狂想没有为他招来赞誉，因为这位法老和他的哥哥一样残暴，他统治了 56 年，连带胡夫统治的 50 年，共有 106 年。可以想象，这一百多年中埃及人民的生活状态简直如同在地狱一般。神庙从胡夫时代就一直被关闭，为什么呢？大概是怕人们到神那儿告状吧！总之，人们恨死了这两位法老，甚至不愿提起他们的名字，对于这两座金字塔，人们胡乱起了个名字——"皮里提斯"（据说是一个常在这儿放羊的牧人的名字）来代替法老的令人憎恶的名号，并把哈夫拉的雕像砸碎扔到了祭庙的井中（图 7-11、图 7-12）。

背运的门考乌拉

之后，埃及人终于等来一个好法老，他就是继哈夫拉位的胡夫的儿子门考乌拉，这位法老开放了神殿，执法严明，被认为是自古以来最为公正智慧的法老。但是他的仁政却为他招来了灾难：他的独生女儿死了。悲痛的法老用包金的木头做了一头空心的母牛，把他女儿的遗体放了进去。法老舍不得他的女儿离开他，就把这个牛形棺材放在他的宫殿里，日日让人为她烧香，并点着长明灯。每一年这头牛形棺材都会被抬到阳光下，因为公主临死前哀求父亲让她每年都能见一次太阳。这个哀怨的公主的故事是希罗多德听说的，他侧面地证明了法老的舐犊情深。一尊传世的法老和王后温情相拥的玄武岩雕像则从另一个侧面逼真地表现了法老和他的妻子的深厚感情（图 7-13）。

但这只是门考乌拉法老遇到的第一个灾难，很快他接到了神庙里的神谶，说他只能再活六年。法老觉得这太不公平了，他派遣使者去谴责神灵，说他的父亲和叔父关闭神殿、不敬神明并且蹂躏世人却活得很久，而他如此仁慈宽厚为什么这么短命。神谶告诉他，埃及人民的苦难应当有 150 年，他却过早地让人民过上了好日子，

图 7-13　门考乌拉和王后像
旁白：门考乌拉和王后像是古王国时期最为优秀的作品之一，夫妻双人像是古埃及常见的模式，但是这尊像体现了法老夫妻充满默契的动作和神态，给人感觉特别可亲可爱。法老的威严和王后的温柔贤淑一张一弛，亦柔亦刚，却又充满真挚的感情，拉近了古代艺术和现代观赏者之间的距离。这座雕塑的生动准确显示了埃及人对于人体解剖的熟悉，同时坚硬的玄武岩的材质也显示了古代埃及人拥有很坚硬锋利的铁质凿刀。

图 7-14　门考乌拉金字塔
旁白：门考乌拉金字塔在三座金字塔中，时代最晚，规模最小，但设计师同样显示了他的追求，这个追求就是综合前两座金字塔的优点：首先它借鉴了胡夫金字塔设置三座小金字塔的设计，也如法炮制了三座更小的金字塔。其次它模仿了哈夫拉法老关于附属建筑的设计，也设计了祭庙和河谷神庙，中间以长堤道相连，这堤道和哈夫拉法老的堤道平行，使吉萨的金字塔群显示出有序的规划效果。

因此违背了天命。悲伤的法老知道天命难违，于是他希望以纵情享乐和游山玩水的方式延长他的生命，人们传说他在树林子里面点了许多烛灯，到了夜晚就点亮它们，并且开怀畅饮，希望以此延长享乐的时光。

　　这位好法老也留下一座金字塔，但比前两任法老的小得多，由图拉石灰岩和花岗岩混合砌筑的装饰面层保存得很好。由于和前两座相比太不起眼，人们居然拿它开玩笑，说它是由名妓罗德庇斯建造的，不过希罗多德已经出面澄清，他说即使这座金字塔很小，仅凭一个妓女的财力，仍然无法完成。虽然门考乌拉金字塔很小，但在它的脚下还设计有三座更小的金字塔以衬托它的高大，再加上所选基址和前两座塔互相错开，看起来也自有一番威严气势呢（图 7-14）。

金字塔的没落

　　门考乌拉之后的法老叫做阿苏起司，这个法老接手了一个因为造金字塔而变得很穷的埃及，因为贫穷，人们甚至用自己父亲的尸身（木乃伊）作为抵押来借债。清贫的法老造了一座砖砌的金字塔来追忆往昔的美好岁月，他很要面子，在砖金字塔上有一块石刻的铭文写着：“不要因为与石造的金字塔相比较而小看我，我比他们出色得多，就如同宙斯和其他诸神相比一样。人们把竿子戳到湖里，并且把附在竿子上的泥土聚在一起做成砖，而我就是这样修建起来的。"

古王国之后，埃及陷入了内忧外患之中，修建金字塔的热度慢慢地退去，法老的兴趣被别的新奇事物代替，比如修建高耸的方尖碑和富丽堂皇的神庙，让人高兴的是，给埃及人民带来深重灾难的金字塔时代终于终结了。虽然法老创造金字塔的出发点是那么自私和偏执，但这完全无损于金字塔本身的光辉，在金字塔之后漫长的岁月中，其魅力从未消减，它那巨大和坚固的金黄色身影让所有的后世建筑都黯然失色，并逐渐成为永恒的象征，正如那句因赞叹金字塔而出名的阿拉伯诗歌所说，"整个世界畏惧时光，而时光畏惧金字塔"，诚哉斯言。

8 战神的门槛：罗马凯旋门

亚历山大创造了凯旋式，罗马人发明了凯旋门，这个公开赞扬战争的建筑一经发明出来，就迅速被世界各国的战争狂拷贝。如今欧洲已有100多座凯旋门，当你有一天从这高高的古老拱门下穿过的时候，不知可想象过，当初穿门而过的将军和俘虏，他们是何等的心境呢？

凯旋门简史

凯旋门是罗马人最著名的创意之一，它的规模不像角斗场那样宏大，形制也没有万神庙那样雄伟，但它集实用性和纪念性为一体，融庄严和精美为一炉，这使得它在历史的演化中不至于被湮没和改造。当戴克里先浴场成为圣玛利亚教堂，大角斗场变成一个村庄，哈德良皇帝的大墓变成了圣天使城堡，一座座从埃及运来的石头利剑方尖碑轰然倒下的时候，老凯旋门还是凯旋门，像一位白发苍苍但还硬朗的军人，带着自信和倔强，巍然站立在罗马艳美的残照里——我们有理由相信，它甚至比刚刚建起的时候更美，因为在古代，它是混迹于一大堆风格各异的建筑之中的，古罗马城拥挤的繁华部分地剥夺了它的光辉。

像所有的纪念性建筑一样，凯旋门是从实用性的公共建筑演化过来的，它的前身可能是拱形的城镇入口。在意大利的佩鲁贾城，有一座伊特鲁里亚人建造于公元前330年左右的奥古斯塔拱门，这座石头拱门的拱洞高达10余米，像一个狭窄的山隘，显示出防御的特点，城门的拱券上装饰着希腊式的三陇板和圆形的陇间壁（图8-1）。这段厚重的城门提供了我们对于共和时期凯旋门的想象，卢库拉斯、苏拉、竿子上的泥土聚在一起做成砖，而我就是这样修建起来的。"

古王国之后，埃及陷入了内忧外患之中，修建金字塔的热度慢慢地退去，法老的兴趣被别的新奇事物代替，比如修建高耸的方尖碑和富丽堂皇的神庙，让人高兴的是，给埃及人民带来深重灾难的金字塔时代终于终结了。虽然法老创造金字塔的出发点是那么自私和偏执，但这完全无损于金字塔本身的光辉，在金字塔之后漫长的岁月中，其魅力从未消减，它那巨大和坚固的金黄色身影让所有的后世建筑都黯然失色，并逐渐成为永恒的象征，正如那句因赞叹金字塔而出名的阿拉伯诗歌所说，"整个世界畏惧时光，而时光畏惧金字塔"，诚哉斯言。

8 战神的门槛：罗马凯旋门

亚历山大创造了凯旋式，罗马人发明了凯旋门，这个公开赞扬战争的建筑一经发明出来，就迅速被世界各国的战争狂拷贝。如今欧洲已有100多座凯旋门，当你有一天从这高高的古老拱门下穿过的时候，不知可想象过，当初穿门而过的将军和俘虏，他们是何等的心境呢？

凯旋门简史

凯旋门是罗马人最著名的创意之一，它的规模不像角斗场那样宏大，形制也没有万神庙那样雄伟，但它集实用性和纪念性为一体，融庄严和精美为一炉，这使得它在历史的演化中不至于被湮没和改造。当戴克里先浴场成为圣玛利亚教堂，大角斗场变成一个村庄，哈德良皇帝的大墓变成了圣天使城堡，一座座从埃及运来的石头利剑方尖碑轰然倒下的时候，老凯旋门还是凯旋门，像一位白发苍苍但还硬朗的军人，带着自信和倔强，巍然站立在罗马艳美的残照里——我们有理由相信，它甚至比刚刚建起的时候更美，因为在古代，它是混迹于一大堆风格各异的建筑之中的，古罗马城拥挤的繁华部分地剥夺了它的光辉。

像所有的纪念性建筑一样，凯旋门是从实用性的公共建筑演化过来的，它的前身可能是拱形的城镇入口。在意大利的佩鲁贾城，有一座伊特鲁里亚人建造于公元前330年左右的奥古斯塔拱门，这座石头拱门的拱洞高达10余米，像一个狭窄的山隘，显示出防御的特点，城门的拱券上装饰着希腊式的三陇板和圆形的陇间壁（图8-1）。这段厚重的城门提供了我们对于共和时期凯旋门的想象，卢库拉斯、苏拉、

图 8-1　佩鲁贾城门
旁白：在古代，城镇的入口具有军事上的意义，往往设在一个居高临下的狭隘地带。佩鲁贾是一个山城，城门就更具有关隘的特点，从图上可以看到城门用石头砌成，门洞高而狭，城内布置少量士兵就可以扼守此地。城门包围为倒 U 字形，这样大型攻城器械难以发挥作用，接近城墙就如同进入了守军的包围圈，拱门之上是一个较小的减压拱，以增加城墙的高度。

图 8-2　苏萨的奥古斯都凯旋门
旁白：这座凯旋门很小，正面只有两根柱子，没有装饰，但显得比例协调，形式美观，这完全是合理的建筑语言运用造成的效果。从这点看来，屋大维是个颇有建筑学素养的君王，同时也是个朴素而不事张扬的人。

马留、庞培和恺撒举行凯旋仪式时应当就是经过这种古拙的凯旋门。

恺撒的继任者——帝国的开创者奥古斯都曾在意大利的苏萨为自己建造了一座不大但比例优美的凯旋门，这位皇帝跛足而且胆小，但是对于建筑和艺术却有不凡的品位，是他开了凯旋门建造的滥觞（图 8-2）。在公元前 1 世纪兴建的提比略凯旋门是一座豪华的三拱凯旋门，它位于法国南部的奥朗日，人们猜测这是为恺撒的高卢战争的胜利而兴建的，但不知为什么后来奥古斯都的外甥提比略皇帝更改了上面的碑文。这座凯旋门拥有华美的装饰，在建筑语言上却略感混乱：在凯旋门的两个侧面，设计者用四根科林斯式柱托起一段中断式山花，虽然十分有看头，但因冲淡了立面主题而有蛇足之嫌（图 8-3）。

建于公元 90 年的提图斯凯旋门是罗马城存世最早的凯旋门，也是公认最美的一座，在那时候，罗马人还没有丧失积极进取的精神，也没有借助奢华的艺术填补内心的空虚（图 8-4、图 8-5）。提图斯和赛维鲁斯凯旋门构成了罗马老广场的两端。在提图斯凯旋门的东边，大角斗场的旁边还有一座装饰奢华的凯旋门：君士坦丁凯旋门（图 8-6）。建筑史家们常以它为例嘲笑晚期罗马的庸俗趣味。据说由于缺少技艺高超的雕刻家，这座凯旋门上的许多雕刻是从别的建筑上剥取下来的，风格不统一难免有支离破碎之感，但是它的雄伟和威严仍然让人印象深刻，建筑上那些圆的、方的装饰雕刻，在刚刚建成的时候看起来可能有花哨的感觉，但在后人眼中，它们却仿佛是身经百战的将军别在戎装上的骄傲的徽章，增添了许多沧桑的气息。

图8-3 奥朗日的提比略凯旋门

旁白:这是一座竖立于法国普罗旺斯地区的三拱凯旋门,时间晚于苏萨的奥古斯都凯旋门几十年,由奥古斯都的外甥提比略所建立。这座凯旋门开始显露出帝国炫耀和奢侈的端倪:首先是富丽的装饰无所不在,这反而冲淡主题,其次是建筑的横轴处理过于复杂,出现了许多违背建筑逻辑的构件,比如正中的三角形山花,本是建筑的屋顶所在,在上面再设女墙岂不把屋顶压垮?最高处的女墙两侧还设立扶壁,扶壁作为支撑构件一般在建筑的底部,如在上部就必须支撑屋顶,但上方并无屋顶,所以也是画蛇添足。最离奇的是,建筑两边侧立面也有同样的"立柱+山墙"体系,这使建筑的导向性完全混乱,并使人怀疑设计者怀有极强的空白恐惧症。

图8-4 罗马的提图斯凯旋门

旁白:提图斯凯旋门被公认为最美的罗马凯旋门,可以看出建筑师又回归到奥古斯都时代的节制和严谨。建筑如同被划在一个九宫格中,无论纵向还是横向都是三段式,并用突出的檐口和立柱作为划分的依据,显得逻辑清晰,语言简练。它似乎特别强调建筑的中轴线,因为拱心石和铭文都被强调,雕塑也被布置在拱门内侧,使所有的精华都被聚拢,从而产生强大的吸引力和导向性。这种设计也使它具有城市坐标的意义。

图8-5 抬走约柜和大烛台(提图斯凯旋门浮雕)

旁白:提图斯凯旋门上的主题性浮雕只有两块,这是其中之一,它以一种热闹的行进动态构成,把凯旋门的功能和壁画组合起来,这种手法和帕特农神庙檐壁上表现泛雅典娜节的游行队伍的方式是类似的。雕塑家控制画面的本领令人惊叹,人群被分为三组,抬着各种战利品,主要是耶路撒冷圣殿中的家具,画面中心是一个造型雄伟的大烛台,右边是约柜和一些法器,在这背后是犹太人彻底的失败,让人想起犹太人著名的诗歌:"耶路撒冷啊,我若忘记你,情愿我的右手枯焦!"

图 8-6　君士坦丁凯旋门
旁白：君士坦丁凯旋门是罗马老广场上三座凯旋门中建造最晚的一座，高 21 米，面阔 25.7 米，进深 7.4 米。由于高与阔的比例尺度合宜，显得形体巨大。凯旋门顶端的八块浮雕是从马克·奥尔略皇帝纪念碑上拆卸而来，如今珍藏在卡匹托尔博物馆。这座凯旋门的恢弘气度让拿破仑倾心不已，以至于它直接成为巴黎竞技凯旋门的蓝本。

图 8-7　巴黎凯旋门
旁白：巴黎凯旋门又叫星形广场凯旋门，或戴高乐广场凯旋门，全部由石材建成，高 49.54 米，宽 44.82 米，厚 22.21 米，由三个拱形组成，形成了四通八达的四扇门，这种设计使它在后来的城市规划中逐渐成为一个星形广场的轴心。凯旋门中心拱顶内装饰着 111 块宣扬拿破仑赫赫战功的上百场战役的浮雕，它们与拱门四脚上美轮美奂的巨型浮雕——《马赛曲》、《胜利》、《抵抗》、《和平》相映生辉。其中最负盛名的是由著名雕刻家吕德设计的"1792 年志愿军出发远征"，即《马赛曲》，这也是 19 世纪法国浪漫主义艺术的代表作品。

凯旋门的特征

了解凯旋门可以从它的三个基本特征入手：拱洞、女墙和顶部的装饰雕像。

拱洞是最重要的特征，有单拱和三拱两种。提图斯凯旋门是单拱凯旋门的经典案例，它的拱宽只有 5 米多，四根科林斯式柱框住一个三段式立面，拱门旁的墩柱上没有雕刻，只开了两个小小的壁龛，显得简朴、自然和节制。单拱的形制限制了凯旋门的尺度，因此并不为后世的当权者所喜爱。建于 1806 年的巴黎凯旋门有 50 米高，其巨大的尺度一定会让罗马人瞠目结舌。它似乎模仿了单拱的意象，但其实却是一个三拱凯旋门，主立面两旁的小拱巧妙地藏在侧立面，一方面可以展示墩柱上的雕刻，一方面可以弥补庞大侧面的空白（图 8-7）。

在罗马时代晚期，三拱凯旋门和日益扩大的城市尺度更为配合而变得流行，使这种早就存在的形式大放异彩。三拱凯旋门庞大的尺度给建筑师提出的第一个问题就是如何避免单调和笨重，解决笨重的方法就是把框住拱门的四根立面巨柱从墙壁中拔出来，但和墙壁还留有空隙，这种奇怪的柱式称为倚柱，它看似是建筑必需的结构，但实际上却是装饰，它使得建筑显得空灵和富于层次，也体现了古罗马人的狡黠。倚柱的设计也为文艺复兴时期的建筑师如米开朗基罗、帕拉第奥提供了丰富的灵感。解决单调的办法在于装饰的增加，君士坦丁凯旋门和赛维鲁斯凯旋门通过装饰浮雕创造了丰富的视觉效果，而年代较早的提比略凯旋门却设置了层层叠叠的檐口、起伏不断的扶壁、中断式的山花和大量的壁柱等建筑学语汇，营造了巴洛克式的奢华。

凯旋门的第二个特征是拱门上的一段矮墙，也叫女墙，这可能是凯旋门来源于城门的有力证据，它只是去掉了城门上锯齿形的雉堞。女墙是一个容易被忽视的结构，但却是凯旋门建造者最为重视的地方，因为它有一个重要作用就是撰写铭文，这也是人们为凯旋门命名的依据。提图斯凯旋门的铭文和建筑风格一致，十分简约，只有四行，字迹清晰深峻，框在匾形的门楣上。赛维鲁斯凯旋门的铭文最长，以至于贯穿整个横轴，这种设计无论从传播学还是建筑学上看都十分不妥，长篇大论削弱了人们阅读的兴趣，也间接地弱化了建筑强有力的纵轴。

女墙被智慧地设计为中空，既降低了墩柱的荷载又减少了材料和人工。罗马时代晚期的女墙内顶部做成拱券，以增强减压性能，去承载放置于女墙上方的装饰雕像。这也就涉及凯旋门的第三个特征，也是最容易为人们所忽略的特征，因为所有存世的凯旋门都失去了顶部的塑像，这似乎无损于建筑的美丽和完整感，但却使后人丧失了瞻仰先人美妙艺术的机会。

从复原图可以看出，每一个凯旋门的顶部都有一组青铜塑像，正中是将军驾驶驷马战车凯旋的雄姿，四角站立着吹着号角的胜利女神，这样的安排有着建筑学的意义：正中的大型雕塑群成为凯旋门的视觉中心，它以沉重的量感映对下方空荡荡的拱门，一虚一实对比强烈，也营造了凯旋者从天而降的赫赫神威。青铜铸造的皇帝凯旋像应当是古罗马最高等级的艺术品，可惜其被不通风雅的后人熔铸为钱币和兵器。保存在威尼斯圣马可大教堂门楣上的四匹青铜骏骑据说是竞技场得胜的驷马战车的雕塑，是威尼斯人从东罗马的首都君士坦丁堡掠夺来的战礼。这应当是和凯旋门上皇帝的御马最为相似的作品了（图8-8）。

凯旋式

和凯旋门相对应的是得胜将军的凯旋仪式，对于罗马这样一个穷兵黩武的民族来说，鼓吹战争的神圣和胜利带来的荣耀已经成为整个民族所认同的意识形态。但是关于凯旋式的来由人们却无法取得共识。古希腊史家阿庇安认为是亚历山大创造了凯旋式：据说，亚历山大在远征印度的一次战役之后，和自己的将士一起，在头

图8-8　圣马可大教堂门楣上的铜马
旁白：威尼斯的圣马可大教堂立面的平台上有四匹青铜战马，一直陈列在君士坦丁堡的竞技场中，有人认为它是战车比赛的纪念品，也有人认为它是凯旋门的纪念雕塑。它的时代一直是个谜，但较为权威的说法认为它是罗马人的作品。这四匹铜马命运多舛，1204年，威尼斯人借第四次十字军东征之机洗劫了君士坦丁堡，将这四匹战马运回威尼斯并安放在圣马可大教堂。1797年，拿破仑将它们掠往巴黎，直到1815年才归还给威尼斯。

上缠着常春藤，手里拿着拐杖，一路敲敲打打，纵酒狂歌，用这种方式模仿祭奠酒神狄俄尼索斯的狂欢节。据说酒神也曾远征印度，因此，他们以这种方式感谢酒神的庇护。但是阿庇安对这种轻浮的举动持怀疑态度。但不管怎么说，凯旋式的狂欢性质的确和酒神节有着某种相似性。

但是普鲁塔克明确地说凯旋式是由罗马的创始者罗慕路斯创造的：据说，罗慕路斯在一次战胜萨宾人的胜利之后，跑到山上砍了一棵山茱萸木，将其削成一根棍子，然后把缴获来的战利挂在上面，自己披盔戴甲，全副武装扛着它在大街上跑，大家看到他意气洋洋的威武姿态，感到十分振奋，就决定在此后的胜利后模仿一番，这就演变为后来的罗马式凯旋式。许多罗马将军都举行过凯旋仪式，有的人甚至举行过多次。恺撒在打败政敌庞培，平定国内叛乱之后一连举行了四次凯旋仪式：第一次是战胜高卢；第二次是战胜埃及；第三次是战胜潘达斯；第四次是战胜阿非利加，总共用去10天时间。一般来说，凯旋仪式充满乱哄哄的喜剧色彩，一架架战车拉着明晃晃的兵器和金银财宝招摇过市，而老百姓最爱看的却是俘虏，有资格做俘虏被展示的都是皇亲国戚，这种权贵人物命运的遽变最让人为之感慨。

在凯旋仪式中，士兵担任唱和的工作，他们往往抓住这难得的机会去调侃他们的军官，在第一次的凯旋式上，恺撒的士兵齐声叫道："市民们请注意！好色的秃子回来了！快把你们的老婆藏起来！"此时，秃头的恺撒穿得像战神一样华丽，站在用黄金装饰的战车里，他正洋洋得意地享受全城人民（特别是妇女）羡慕而崇敬的凝视，这句大实话搞得大家哈哈大笑，恺撒狼狈不堪，哭笑不得，装出来的庄严也变得有些滑稽。在仪式之后，他赶快分发赏金，让士兵们在后三个仪式中说点好话。欣赏完仪式之后，财大气粗的恺撒款待了所有捧场的民众，一次摆出22000桌酒席。同时，举办角斗表演和大规模的海战表演，以纪念多年前去世的女儿茱莉亚。

凯旋门是一块硬币，一面印着胜者的洋洋得意；一面刻着败者噬骨的哀痛。

提图斯凯旋门的拱门内壁，又是另一幅场景：这是表现犹太人的耶路撒冷圣殿遭到洗劫的浮雕，其中一块是几个士兵兴高采烈地抬着大烛台和约柜的情形，这是犹太人最后一次起义被彻底镇压后的结果。约柜是犹太民族最为神圣的东西，存放着他们和上帝立下的契约。圣经中记载，一位神职人员因为抬约柜时出错，被天上观看的上帝当场用雷劈死。但这一次，这几个神气活现的侵略者不知为什么特别受到上帝的青睐，不仅没被雷劈，连漫漫时光都对他们呵护有加，一直被完好地保存着，封存着犹太人两千年的亡国之恨（图8-5）。

凯旋门的多重功能

凯旋门的重要性，在于它集多种功能于一身。

罗马人有许多东西都是从希腊人那儿舶来的，但对于凯旋门，他们可以骄傲地宣称这是他们的独创。因此，凯旋门首先是一个体现罗马人独创精神的建筑物，它对于主立面和中轴线的强调都表明了它的罗马血统，其次，那令人振奋的石头拱洞和显眼的拱心石，也体现了罗马人高超的建筑技术。

凯旋门是一件艺术品，每个凯旋门顶部的皇帝驾驶战车的群像都是冠绝古今的艺术珍品，它们体现了罗马艺术家对于复杂和宏大事物的驾驭能力，为了放置这组高级别雕塑并让它流芳百世，罗马人为它营造了一个硕大无朋的奢华底座，这就是凯旋门本身。奥古斯都曾经吹嘘道："我把砖造的罗马变成了大理石造的罗马。"其实大多数大理石建筑只是贴了层大理石砌面，而大多数凯旋门则完全由纯粹的石料建造，从这一点可以看出，凯旋门并不完全被视为一个建筑，从一开始，它就被定位为献给城市的一件奢华的艺术品。

此外，凯旋门的城市规划学的意义少有人提及，在古罗马帝国的外省，比如法国的奥朗日和北非的提姆加德，凯旋门就是城市的象征，它们立于城市的中心，如同坐标原点般为那些屯兵城市确立了一个清晰的定位点；同时，它那威严的形象和醒目的位置总像一块大石，沉甸甸地压在那些被新征服民族的心坎上（图8-9）。在混乱拥挤的古罗马城，三座凯旋门界定了城市的核心：罗曼鲁姆广场和帝国广场。在这里，凯旋门是广场的出入口，也是政治中心的标志和城市的重要节点。

凯旋门遗风

凯旋门留给后代建筑师的重要遗产，首先是其完美的形制："门"本是建筑物的局部，却被罗马人抽出，成为一座独立的单体建筑，并发明配套的装饰和附属结构，成为完整而清晰的体系，这形式是如此成熟，以至于稍加改动就可以在异地克隆出新的变体，比如拿破仑时代的巴黎竞技凯旋门，简直就是君士坦丁凯旋门的翻版（图8-10）。

至于那些孕育在凯旋门之中的崭新的思想，则需要更为高明的建筑师来领悟：

图8-9　图拉真凯旋门
旁白：这是一座建立在北非城市提姆加德的凯旋门，由于远离罗马本国的浓厚文化氛围，精美的雕刻被省去了不少，但仍然体现了完美的形式，小门洞的面积约等于大门洞的四分之一，显得中央门洞特别宽大空旷，小拱洞上方的壁龛减弱了凯旋门上方的笨重感，它庄严的形象作为罗马这个宗主国的象征太合适不过了。

图8-10　巴黎竞技凯旋门
旁白：竞技凯旋门由拿破仑授意建造，显示了帝国浮夸的作风，复古意味特别明显，从而冲淡了建筑的时代精神。布满雕饰的墙体使建筑的宏伟显得逊色，主立面的四根彩色科林斯式柱子又冲淡了拱门的凝聚力，但从另一个角度来看，它也体现了罗马建筑艺术的强大魅力。

图 8-11 曼图亚的圣安德烈亚教堂

旁白：阿尔贝蒂对于文艺复兴时期建筑发展的最为重要的贡献在于其对那个时期建筑理论的梳理和深化。他提出建筑表面装饰和建筑结构之间的关系就如同女子依附于男子一般，即便如此，他的许多设计作品显示出他对于建筑的外部形式具有更为强烈的创造才能。他的建筑体现了他对于希腊和罗马建筑精髓的领悟和融会贯通，如同这座圣安德烈亚教堂的立面，就是凯旋门和希腊山墙的糅合。凯旋门的分量在立面中作为主体，但被平面化了；具有立体感的倚柱被变为平平的壁柱，山墙是次要的元素，但做得很厚重，使建筑显得很有分量感。这使得希腊罗马两种风格各有看头，势均力敌。最为有趣的是，山墙好像建筑的屋顶，但这只是一个假象，山墙上头的圆拱才是建筑真正的屋顶。

文艺复兴时期的阿尔贝蒂是一位深刻理解古代精神的建筑师，古代三拱凯旋门的大小拱洞呈现出"ABA"式的大小对比，空心拱和盲拱呈现的虚实对比，以及大拱门和小门之间的比例关系无不令这位善于深思的建筑师折服。当他接受圣安德烈亚教堂的主立面改造任务时，他毫不犹豫地把对于凯旋门的理解和体验运用于设计中，于是乎，历史上第一座以门为主题的教堂设计诞生了，这是一座天堂之门，比凯旋门更为高大和雄伟，完全可以以它宽厚的胸怀容纳寻求庇护的芸芸众生。同样是凝聚着非凡才能的建筑，但古罗马人那燃烧肾上腺素般的激情被一种更为深沉博大的慈爱所代替，这一回，凯旋门的设计师们终于找到了他们的接班人（图 8-11 至图 8-13）。

图 8-12 拉德芳斯新凯旋门夜景　　图 8-13 从老凯旋门远眺新凯旋门

旁白：门所具有的哲学意义很容易就被融入纪念性建筑的建造中去，拉德芳斯的新凯旋门就是这样一个成功地例子。它于 1989 年 7 月 14 日正式揭幕，成为崭新的巴黎的一个象征，从某种意义上说，它对于老凯旋门的取代可以被认为是一个以商业和文化而繁荣起来的巴黎，战胜了拿破仑时代的老旧军事帝国。从外观上看，它几乎是一个完美的立方体（高 110 米、宽 108 米、深 112 米），它那预应力混凝土的框架上覆盖着玻璃与来自意大利的卡拉拉大理石，和以往的凯旋门相比，它的第一个特点是异乎寻常的高大，其二是它的门洞不再是古典的拱形，而是象征现代主义的平直过梁。有趣的是，在新凯旋门中间还有一片"云"，这是为了保护访客可以不受到风雨的侵袭而设计的。新的凯旋门位于巴黎著名的历史轴线西面终端，成为贯穿巴黎市区历史轴的重要节点。由于建造地铁等原因，新凯旋门与历史轴线之间只有一个 6.33° 的夹角。

第二部分　灵魂的居所

9 宇宙的模型:
哈德良万神庙

在充斥着摩天楼的现代都市中,失去了信仰的人们很难想象古人对于伟大建筑的崇拜之情。对于罗马人来说,雄伟的建筑一旦竣工,它就脱离了由砖块、木头和混凝土这些廉价材料所构成的本体,而成为超凡入圣的神物,它不仅仅是人的智慧和信念的结晶,更是人们所幻想的宇宙的模型。

建筑的本质

所有的古代人都把建筑的营造视为极其重要之事,因为在古代,还没有什么比建筑更能体现出人类的智慧和创造力,正因为宏大、坚固建筑的出现,使人们对于自己的力量充满了信心,他们觉得自己在某种程度上已经等同于那些创造万物的神灵。这些想法开始促使早期的人类思索一个问题:如何才能造出完美比例和形态的建筑物呢?希腊人认为人是万物的灵长,也是形态最完美的生物,如果按照人的比例和形态来创造建筑,应当会取得优美的效果,他们让具有和人体相似的柱子代替人来支撑神庙的屋顶,又把黄金比例运用于神庙的每个局部和整体,他们认为自己已经充分地继承了天神的智慧,因为天神就是以这种方式创造了人。

后来的罗马人部分地继承了希腊人的观点,只是他们不满足于希腊人创造的简单样式,他们先进的建筑技术和庞大的城市规模已经促使建筑师探索更为复杂的建筑形态和空间构成。他们在经营复杂的平面布局的同时,也意识到,除了希腊人强调的比例、形态之外,建筑还可以体现出一种更为重要的因素,就是秩序感。建筑如此宏大和复杂,它更像浩瀚的宇宙,而不是渺小的人。最重要的是,建筑的本质和宇宙的本质如此相似，它们都是一块巨大的虚空，空空荡荡却又包含万有。

因此，从古希腊到古罗马，人们对于建筑的本质体验发生了彻底的改变。希腊人所醉心的比例和形态之美终于换位成对于秩序和空间的超然体验。现代建筑理论的开创者吉迪翁认为这意味着建筑的真正诞生，而这种崭新理念的杰出代表，当推哈德良皇帝下令建造的万神庙。

万神庙的前世今生

万神庙最初的历史可追溯到公元前 27 年的罗马共和国时期，该庙由屋大维的副手阿格里巴所建，为的是纪念屋大维打败安东尼和克利奥帕特拉。但是这座最初的庙宇在公元 80 年被大火焚毁，直到公元 125 年才由喜爱建筑的罗马皇帝哈德良下令重建。像所有的好古成癖的人一样，皇帝的用意是制造一个原来神庙的"高仿品"，出于这个怪念头，他命人在新庙柱廊的山花上刻上"M•AGRIPPA•L•F•COS•TERTIUM•FECIT"的字样，意即"卢奇乌斯的儿子、三度执政官玛尔库斯·阿格里巴建造此庙"。这段文字让人们误以为柱廊是阿格里巴时期遗留下来的，直到 19 世纪，人们才发现柱廊所有的砖头印记都在公元 125 年左右，这才证实整幢建筑其实都是哈德良时期修建的"假古董"（图 9-1）。

公元 609 年，拜占庭皇帝将万神庙献给罗马教皇卜尼法斯四世，后者将它更名为"圣母与诸殉道者教堂"，这也成为万神庙沿用至今的"大名"。变身为教堂的万神庙也因此逃过了中世纪的劫难，这一时期，虽然庙内的大理石和穹顶上的镀金青铜板屡次被盗，但最终又都重新寻获。

让人想不到的是，对万神庙真正的破坏恰恰是在对古代文化顶礼膜拜的文艺复兴时期，在 16 世纪中叶，当教廷准备重建圣彼得大教堂时，捉襟见肘的教皇乌尔班八世动起了万神庙的歪脑筋，他命人将门廊天花板上的镀金青铜板拆下来熔化，用来建造圣彼得大教堂主祭坛上的华盖，如不是贝尼尼设计制作的祭坛华盖后来也成为了不得的艺术品，乌尔班八世真的要被万人唾骂了。这位教皇还画蛇添足，下令在万神庙门廊两侧建两座钟塔（后被拆除）（图 9-2）。这些作为都引起了罗马人的不满，他们讥笑道："巴波里没做的事，巴波里尼做了"。"巴波里"是"野蛮人"的意思，而"巴波里尼"则是这位乌尔班八世的姓氏。

万神庙自文艺复兴时期以来就是伟人的公墓，这里埋葬的除了维克多·埃马努埃莱二世外，还包括了意大利著名的艺术家拉斐尔和卡拉齐等人。

光和空间

像所有的罗马神庙一样，万神庙曾坐落在高高的基座上，它的外围是一个方形院落，进入院落，还可以看到一座小凯旋门，证明这座建筑曾是一座战胜敌人之后的奉献神庙。但是除了万神庙本身，这一切的附属建筑都在历史中烟消云散。

它的主体是一座圆桶形的建筑，像是要取消圆形没有正面的缺点，建筑师安放了一座方形的门廊，确立了它明确的朝向。16 根顶着巨大屋顶的花岗岩科林斯式柱

图 9-1 万神庙　｜　图 9-2 文艺复兴时期的万神庙

旁白：万神庙和大角斗场都是被统治者当做罗马帝国强大权威的象征物来建造的，出于这个原因，这两座建筑物都被设计为接近圆形的平面，以取得视觉上的凝聚力和向心感。同时，它们都拥有堡垒般坚固的外观，象征着帝国的政权坚如磐石。但是，这一卓越的建筑物被后世的人们进行了各种加建、拆除和改造的尝试，一度失去了其和谐和美观，愤怒的基督徒在五世纪拆掉了装饰于神庙外墙上的漂亮大理石砌面，用以装饰他们的教堂；文艺复兴时期，万神庙又曾被乌尔班八世加上了两个小钟塔，这样一来，原来巨大的山墙显得不那么雄伟，而后面本来就不那么显眼的圆顶被彻底地遮蔽了。最后，改造为教堂的万神庙又被加上了一系列方形的小礼拜室，使它圆形的外轮廓不复存在。

子，还残留着昔日的尊贵，空荡荡的山墙内曾经装饰着生动的大理石浮雕，山墙之上还有皇帝乘坐驷马战车的鎏金铜像，巨桶般的围墙上刷着雪白的大理石粉，锅盖似的顶部镀上了灿烂的黄金，可以想象，昔日的万神庙是何等壮丽雄伟，但这一切被历史剥蚀之后，铅华褪尽的它难免让喜爱装饰的人们略微觉得寒碜，但是也正因为如此，我们才能够看清建筑师最初的意图：那硕大的圆桶、矩形的门廊和半球状的顶形成的几何组合是多么的趣味盎然。单是这一点，就得到了后世建筑师的热烈喝彩。我们可以看到，在 18 世纪末的法国，试图突破新古典主义风格的建筑师莱多克斯设计的一系列城市关卡，都体现了对于这种简单化的几何风格的学习。

但是，务实的罗马人显然把更多的精力注入了神庙内部空间的营造。万神庙最大的秘密和魅力也来自于它的内部。当人们走过巨大华丽的希腊式门廊之后，一定会吃惊于更为巨大和单纯的大厅。一个直径达 43.3 米的半球穹顶主宰着空间的上部，它那完美的半球上装饰着五层同心凹陷方格的藻井图案，越往上，凹格的面积就越缩小，产生一种透视的错觉，因此更加衬托出穹顶的巨大。

穹顶有时让现代的观者不自觉地联想到被经线和纬线包围的地球，但其实呢，穹顶就代表着我们头上的天空啊，天空中怎能没有太阳呢？于是在顶部，建筑师又剪裁出一个直径足有 8.9 米的圆形采光大洞，这个建筑内唯一的采光点把阳光剪裁为明亮饱满的光轮，这样一来，天光从顶部自然倾泻而下，随着太阳位置的移动，一天中的光线也会改变角度，逐个地照耀在一个个神龛中神像那庄严静谧的面庞上，在这一刻，宗教的神秘和科学的精确完美地吻合，艺术之美和自然之光水乳交融——一个人工创造的自循环天体系统也就悄然诞生了。

和希腊神庙把巨大的神像放置于神庙的中间，两旁围以柱廊的方法不同，罗马人把神像安放在了万神庙墙壁边缘黑洞洞的神龛里，中间空出了一个巨大无朋的空间，这一回，务实的罗马人看起来比善于思辨的希腊人更富于哲学家的情怀，难道他们是要崇拜"虚空"？没错，这恰恰就是罗马人务实精神的体现，因为那些神谁也没有见过，但是孕育万物的宇宙和那人人赖以呼吸的空气，不都是来自于那不可见的浩瀚空间吗？

因此，这种对于空间的膜拜，也就是对于宇宙本体的崇拜，而万神庙就是一个宇宙的模型，它无边无际，没有正面和背面，既不是阴性也不是阳性。它是物质，却看不见；它是光线，却又逮不着。在这虚空中，太阳是唯一的主宰，它位居正中，高高在上；它照亮万物，给予他们生命；它遨游天宇，把温暖逐个恩赐给诸神和人类（图9-3）。

不能因为万神庙的伟大，我们就断定这种设计是没有先例的，早在公元前13世纪，位于希腊本土迈锡尼的阿特柔斯宝库中，希腊人就设计了一个由一圈圈石环叠涩而成的帽盔状墓室空间，奇怪的是，真正的墓室还在里间，那么，这个有45英尺（1英尺=0.3048米）高的空间的功用和万神庙空间有着同样的性质：人们通过对虚空的塑造来表达他们对于崇高的向往。人们站在这里，想象着死者的灵魂升入虚无的天界（图9-4）。在后世，现代主义建筑更是把万神庙所追求的空间与光线奉为建筑的终极追求，从这个意义上说，万神庙的空间崇拜理念连接古今，成为建筑史上最为重要的节点。

建筑师除了塑造无穷的天宇和灿烂的太阳之外，也恰当地制造了人们所立足的大地，大理石的地面上也使用了变幻无穷的格子图案，并在中间稍稍突起，这样，当人站在庙宇中间向四周看去时，地面上的格子图案会变形，使人产生空间无限延伸的幻觉。在地面上，还有不起眼的暗沟，以承接从巨大天窗中漂流而下的雨水——

图9-3 万神庙的穹顶　｜　图9-4 阿特柔斯宝库穹顶

旁白：建筑史学家们发现在早于万神庙的古代建筑中，只有这么一个修建于公元前13世纪的希腊史前时期的墓室建筑显示出和万神庙相类似的空间理念。它们在理念上的相似之处首先在于都意识到了空间本身的纪念性，要知道19世纪末，现代主义的建筑师们才再度意识到这个建筑学问题；其次，阿特柔斯宝库穹顶的高度和宽度都约为15米，而万神庙穹顶的直径和整个神庙的高度都是43米，在这样一个单纯的建筑空间中控制一个统一的模数单位，使整个空间显得更为和谐和悦目。

雨天的万神庙一定又别有一番风情。

神庙的核心技术

万神庙之所以超越了同时代的其他建筑，不仅在于它卓越的设计理念，更依靠于两种先进技术的运用：混凝土浇筑技术和砖制拱券技术。而那跨度达到43米，独步古今的半球穹顶，显然就是这两者的完美结合。

建筑工程师断言，若使用今天的混凝土，难以浇灌出这么大的一个穹顶，因为混凝土的自重会使穹顶崩毁，而穹顶结构产生的推力则会推倒支撑穹顶的鼓座。因此，如何使穹顶自己支撑自己，是一个首要问题。对于消减建筑物的重量，古罗马人很有一套方法：通过精心控制穹顶每个标高的建筑用材，使穹顶自下而上逐渐变得轻薄。当时使用的混凝土是来自那波利附近的天然火山灰，再混入凝灰岩等多种骨料。在建造穹顶时，将比较重的骨料用在基座，然后逐渐选用比较轻的骨料向上，到顶部时只使用浮石混杂多孔火山岩。另外，穹顶的厚度也逐渐削薄，从穹顶根部的5.9米一直减少到顶部的1.5米（图9-5）。

材料的精心选择只能保证穹顶自身不会崩毁，穹顶自身仍然会产生向外的巨大水平推力，这是半球形结构的特点：它把力量汇聚于起拱处，从而保证拱的顶部不会塌陷。为了减低这种推力，在穹顶的底部，工程师设计了两层由连续减压砖拱组成的圆环，这可是万神庙的"核心技术"。它和后世建筑师通过附加外侧的扶壁抵

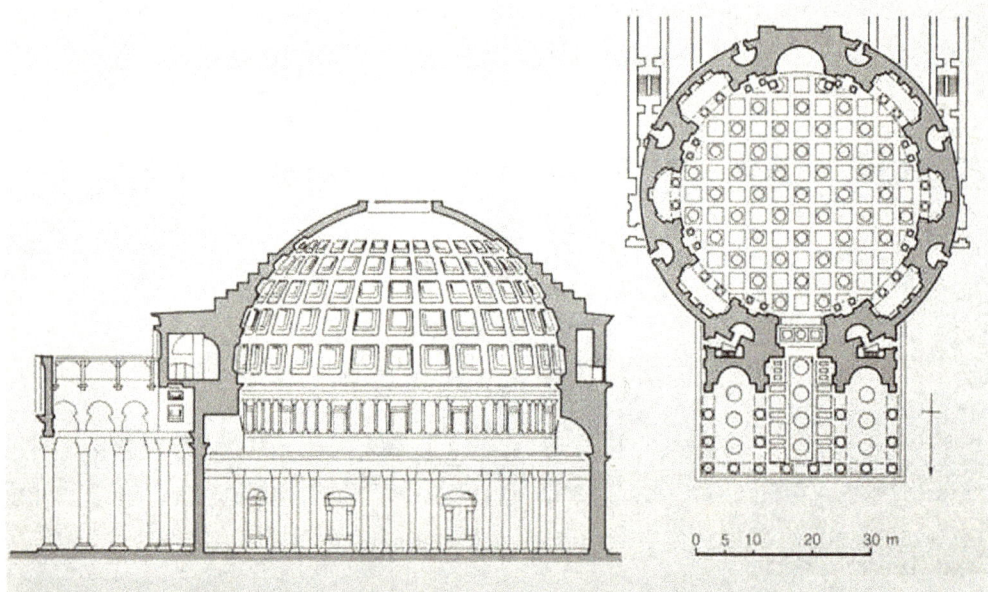

图9-5 万神庙的剖面（和平面）
旁白：从剖面图可以看出，内部穹顶的最薄弱之处在建筑标高的正中，此处最厚，并设有用于维修和减低建筑荷载的空洞。从平面图可以看到，建筑被分为规整的8个空心壁龛（其一为入口）和8个柱墩，如果穹顶的重量不被两排16组拱券体系清晰地分担在柱墩上的话，平面规划不可能达到如此富于灵动和变化之趣。

 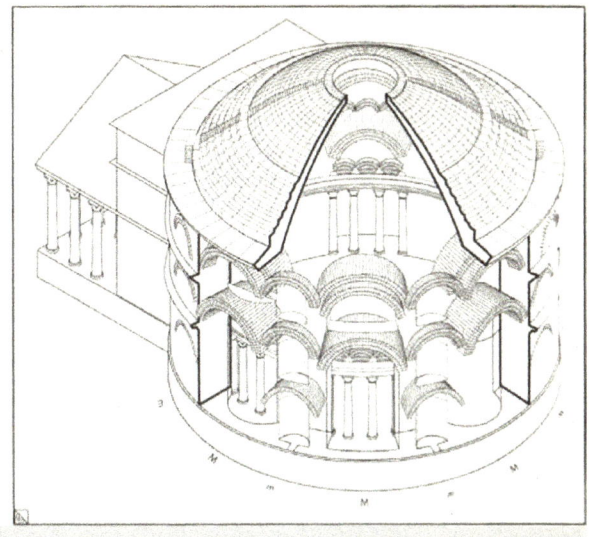

图 9-6　万神庙的拱券体系
旁白：不能吃重的入口和神龛上的拱券做法是最为讲究的：穹顶的底部是两层同心减压拱，这是体系中水平推力最大之处，而桥墩般拱券彼此相推的力可以产生一个"环状力"，把水平推力锁住。实墙中埋着的小减压拱使受力支点进行了更为细致的分配。

消侧推力的方法截然不同，是巧妙地用桥洞般的连环拱券产生的横向推力，如捅箍般箍住了巨大半球产生的外向推力。

这个"核心技术"的作用是双重的，它还有效地分配了穹顶下压力的支点，这两层连环拱券中每一层都分配有 16 组大小相间的拱券，8 只大拱券下面是空心的大神龛，并自然地形成了神龛上形态优美的拱形门楣。因此，大拱券承担了极大的重量，并把压力转移到两边坚固的实墙，而实墙中埋有 3 道减压小拱（图 9-6）。

这一切复杂的结构体系造成了这样的幻觉：巨大的穹顶真的好像轻飘飘的半球状天穹落在空心的神龛和细细的柱子上，空间如此空灵地流动，鼓座就好像感受不到重量似的。如此优美梦幻的场景却只有走入建筑内部才可得见，在建筑外部，完美的半球被捅箍般的粗糙实墙包得严严实实。对此，一些持"内部空间决定外部形态"观点的现代主义建筑理论家认为，这是建筑唯一没有被妥善处理的地方，是万神庙的白璧微瑕。

百代的宗师

作为古代世界最著名的三座建筑物之一（其他两座是帕提农神庙和圣索菲亚大教堂），万神庙拥有最为庞大的"后裔"。稍有些令人失望的是，后世的建筑师往往看重的是万神庙具有趣味性的形态组合，而不是其深邃博大的空间营造。

建筑史家认为文艺复兴时期的建筑师帕拉第奥是万神庙风格最为杰出的继承者，因为他创造性地把万神庙的形体组合变得更具有复杂的层次和严密的逻辑性，他设计的维琴察圆厅别墅,乍一看并不使人联想到万神庙,但是巨大正厅加上圆顶和门廊的搭配灵感确实来自于万神庙,万神庙的圆筒形主体此时已变成了方形,而门廊也由一个变为四个,万神庙内部空间的凝聚性为外部具有纪念性和崇高感的集中式布局所代替。

对于杰弗逊这位深具建筑造诣的美国总统来说,将广受欢迎的帕拉第奥式建筑和它的原型——古罗马建筑一并带入美国才是上策。杰弗逊在自己创办的弗吉尼亚大学的规划设计中,用一长排帕拉第奥式建筑指向位于中轴线上的核心建筑——图书馆,这是一座红白相间的缩小版万神庙。他对于万神庙如此痴迷,以至于在20世纪人们为他修建纪念馆时,也非常贴心地设计了一座洁白的大理石万神庙,只不过加了一圈圆形大理石柱廊,建筑上铭刻着杰弗逊的名言"我于上帝之祭坛上誓言,与宰制人类心灵的所有暴政为敌。"在杰弗逊的心中,圣洁的万神庙作为上帝祭坛的象征,的确再合适不过了(图9-7)。

万神庙不仅是建筑师的楷模,它那优美的意象也萦绕于一代代造园家和画家的梦里。18世纪英国最为著名的园林——斯托尔黑德花园中,一座精美的被改造

图9-7 杰弗逊纪念堂(波普、奥托·埃格斯和丹尼尔希金斯,20世纪30年代建)
旁白:杰弗逊纪念堂坐落于美国华盛顿,为纪念美国第三任总统托马斯·杰弗逊而建,1938年在罗斯福主持下开工,至1943年落成。这座高96英尺(1英尺=0.3048米)的白色大理石建筑是按杰弗逊喜爱的万神庙式建筑风格设计的,整座纪念堂典雅纯洁,外围共有54根花岗岩石柱,每根长13米,重45吨,给人一种沉静的感觉。纪念堂的北面是大斜坡状的台阶,游人至此都需仰望,可见由八根大石柱支撑的门廊山墙上一组庄严的大理石浮雕——那是美国独立前夕,杰弗逊等5人受大陆会议委任,起草《独立宣言》的情景。大厅中央耸立着高近6米的杰弗逊总统立身铜像,是圆形纪念堂的中心。铜像身后的石壁上,镌刻着杰弗逊生前的名言:"我于上帝之祭坛上誓言,与宰制人类心灵的所有暴政为敌。"纪念堂洁白的穹顶是用印第安纳花岗岩构造的,比杰弗逊铜像的头顶又高出了20米。每年四月,纪念馆旁的潮汐湖畔樱花盛开,配上湖中纪念馆的倒影,景色十分秀丽。

图 9-8　得洛斯海边景色和埃涅阿斯　|　图 9-9　斯托尔黑德公园中的万神庙

旁白：在 18 世纪的欧洲，由于"大旅游"（北欧人到希腊、罗马等地旅游）的盛行和皮拉内西表现罗马遗迹的版画的流行，人们对古代希腊、罗马的崇高风格充满了模仿的热情。在英国，设计师布置、装点着新建的古代废墟的花园，这些花园没有围墙、花坛和篱笆，却有面积宽阔的草地和枝干粗壮的老树，造成一种如同未经人工雕琢的、开阔寂寥的景象，这类风景被称为"肯特式花园"。而"肯特式花园"的代表作就是坐落在肥沃山谷中的斯托尔黑德花园，花园的中心是一汪静静的湖泊，围绕着湖泊的是一系列如画的景观和建筑，点缀着神殿、雕像、喷泉和洞窟。当然，这些景观都被赋予了深层次的含义，它体现出对古罗马诗人维吉尔的一段诗句意象的再现。这首诗描述了特洛伊英雄埃涅阿斯穿越地下世界，流浪了七年，最后定居意大利的著名故事。这样，花园的游览者在游览的过程中就会把自己想象为孤独流浪的希腊英雄，使游览体验更为丰富饱满。

了的万神庙掩映在层峦叠翠之中，不过，人们认为这种设计来源于法国画家克劳德·洛兰的一幅意境幽远的佳作——《得洛斯海边景色与埃涅阿斯》，在画面中，想象中的万神庙屹立于神话世界中。而今，一些苍凉和破败的万神庙已不再是伟大罗马的象征，而是寄托着人们对于那神秘而古老的黄金时代的无限缅怀和诗意想象（图 9-8、图 9-9）。

第二部分　灵魂的居所 / 075

10 主教的珠宝盒：哥特式教堂

12世纪末叶，欧洲诞生了一种新型的宗教建筑——哥特式建筑。它第一次使用石头设计出精巧而坚固的力学构造，其复杂性和美学效果大大超越了前人所造。同时，哥特式建筑所营造的垂直标高和阔大空间也是前所未有的，这种空间效果进而产生了崇高的精神性，使这一建筑样式在教堂设计方面独领风骚数百年，成为基督教最完美的代言。

从猪圈到珠宝盒

当公元476年西罗马帝国被潮水一般涌入的蛮族攻陷之后，欧洲历史进入了中世纪。所谓的中世纪，从文明的角度来看，就是半开化的蛮族从游牧生活转向农耕生活的一段艰辛历程。如果想要了解中世纪的欧洲人理想中的房子是啥样的，就必须先来了解一下他们的生产生活。要知道，在西罗马帝国被蛮族攻破之后，这些不知文明为何物的人们（高卢人、日耳曼人、斯拉夫人、凯尔特人、汪达尔人、鞑靼人、哥特人，等等），就做了欧洲的主人。他们性格刚烈、能征善战，一位曾和恺撒大战的日耳曼酋长就夸自己和族人熟悉弓马，"十四年都没跨进家门一步"，他们如此重视武功，也因此轻视文化。古代希腊、罗马的大理石神像被当成妖魔鬼怪，从神坛上拖下来砸得粉碎，美丽的科林斯柱头也被砌成了猪圈。蛮族们整日臭烘烘的，一辈子都不洗一次澡，还把这当成身体健康的标志。他们也不读书，认为一个男人就应当舞刀弄枪，读书写字那是不男不女的人（修道院的僧侣）做的事，这种风气造成了上到皇帝，下到百姓，全是文盲。

造房子，对于这些刚从原始社会的懵懂中走出来、过惯了游牧生活的人们来说，也是一件新奇的事情：用得着房子么？帐篷不就可以了吗？话虽这么说，定居下来的他们也开始依照被他们打败的罗马人的残垣断壁造起了房子。但他们瞧不起罗马人的秀气：和水泥、烧砖头、搭拱架那算什么本事！男人就该盖石头的房子！这些石头房子的技术可真简单，一块石头垒在另一块上，上面再搭一个木头的棚屋顶，为了结构的牢固，只开有很小的窗户洞，这种房子看起来可真有点儿像猪圈，不过中世纪的农人们真的和他们的猪住在一块儿。如果他们嫌自己的房子太简陋，就拆下几根罗马建筑上的雕花柱子用作装饰。这种石头房子还是供神的庙宇，至于普通百姓的房子，还要更简陋。建筑史家把它们笼统地称为早期罗曼式建筑（图10-1）。

在这种房子里住着并不舒适，空间很狭小，光线很阴暗。但是蛮族已经把罗马人的建筑技术忘得一干二净，想要改善居住条件，他们必须重新琢磨出一种新的石造建筑的技术和与之搭配的建筑美学。蛮族在造石头房子的同时意识到：与其毫无章法地把石头层层相叠，还不如树立几个大的柱墩用来承受房屋的重量，这样柱墩之间还可以空出来作为窗户和出入口，如果不想柱墩占用室内空间，还可以把柱墩的厚度延伸至室外，称之为扶壁。柱墩已然树立，覆盖在柱墩上的屋顶也应当确立几个支点，这时，罗马人用的已经很成熟的拱券派上了用场，只不过这一次是石头的，而不是砖和混凝土。

这种晚期罗曼式建筑虽然也开始具有精美的装饰和较大的内部空间，但是仍和蛮族们的理想美有很大差距。那么蛮族们到底要追求什么呢？如果我们到过西藏、新疆和内蒙古，就会发现那里的少数民族特别善于制作精美的工艺品和装饰品，同样地，由于居无定所，世界上所有的游牧民族都有着把金银财宝制作成昂贵美丽的装饰品的风俗，这些工艺品既装扮着他们自己，又是可以用于交换和传及子孙的财富。值得注意的是，游牧民族不制作大理石雕塑，也不熟谙壁画的技法，他们对于美的趣味很单一，美丽的工艺品是这些欧洲蛮族们唯一爱好的艺术样式。你若是看到他们把宝石琢磨成精巧的样式，并牢牢地嵌在雕刻了花纹的金首饰盒子上，你会由衷地叹服他们卓越的艺术天赋。

世世代代的古代欧洲人制作、佩戴和传承这种工艺美学，对于精美工艺品的迷恋已然渗透到他们的灵魂深处。他们不仅佩戴、把玩这些工艺品，甚至也梦想着把他们所有的制造物都打上这种繁复华丽美学风格的烙印。供奉给上帝的教堂是嵌在中世纪城市上最美的装饰物，教堂理所当然是一座最大、最美的，闪耀着无数奇珍异宝的珠宝盒。

爱珠宝就是爱上帝

理想归理想，从笨拙的石头教堂变为巨型珠宝盒，也走过了一段艰难的历程。一开始，富裕起来的主教们只是用美丽的珠宝制成华丽的法器，或是用来盛装圣徒遗物的圣骨匣。但是，只要翻开《圣经》新约看一看，就会知道救世主耶稣和他的一帮门徒，都是些不名一文的人，耶稣也明确表态："富人想进天堂，比骆驼穿过针眼还要困难。"但在中世纪,教会成为全欧洲的精神主宰之时,它不可遏制地富裕起来,豪气的主教富比王侯,这些披着僧袍的出家人也开始喜欢耶稣曾唾弃的东西:闪闪发光的金币啊,流光溢彩的珠宝啦。他们想法子通过制作宗教用品把这些世俗之物和神圣的信仰联系起来——但是这样骗得了自己的内心吗?当然骗不了,这些主教们一边喜欢着,一边在自责。

不过,有个神学家的理论把他们从自责中解救出来,他就是意大利的经院哲学理论家托马斯．阿奎纳。阿奎纳在其著作《神学大全》中首先指出:上帝赐美于万物,通过美丽的事物可以更容易地认识到上帝就是美与和谐的本源。这个理论的影响在于告诉人们,爱美不是罪恶。这给了那些追求奢华享受的主教们一个大大的借口。接着,另一位圣徒狄奥尼修斯进一步提出:上帝的本质就是光,因为在旧约第一章《创世纪》中,是上帝亲手把光明和黑暗分开,而上帝的爱子耶稣也曾说过:"我是这个世界的光"。既然圣父圣子都是给万物带来生命的光,那么闪闪发光的珠宝岂不正是反映上帝的荣耀吗?那么按照这个逻辑,我们爱珠宝,并不是爱财富,而是在以另一种方式爱着上帝啊!

有一个神父把这种"爱珠宝就是爱上帝"的新理念发挥到了极致,这就是法国的絮热主教,他不但是圣丹尼修道院教堂的院长,更是12世纪法国卡佩王朝的宰相,这个权势遮天的人同时也是一位博学的神学家和狂热的艺术爱好者。在1140年,他所任职的圣丹尼教堂的唱诗班席位在一场大火中被焚烧得一干二净,而絮热主教在重建修道院时大胆启用了一种崭新的建筑风格,正是这种神奇的风格第一次使教堂呈现出如同珠宝般璀璨的美感,并在此后的三百年内席卷欧洲,在它渐渐式微之后,仍然成为教堂最为准确的象征,这种风格就叫做"哥特式"(图10-2)。

创造性的静力学体系

建筑首先是一门技术,想要使建筑呈现出如同巨型珠宝匣般的视觉感受,原来那种建筑构造体系难以胜任。但是,也不能因此就过分夸大哥特式建筑技术,要知道,哥特式建筑的所有构件在历史上都曾出现过,只是以一种全新的组合方式让它们焕发了新生。促使这种新组合方式诞生的原因首先在于尖拱的出现。

尖拱的出现原因不明,有人猜测它来自于伊斯兰教国家,由十字军东征从小亚细亚带回。但更多人认为这是欧洲工匠自发创造出来的,无论如何,不同曲率的尖券可以协调组合不同的建筑标高,高而陡的尖券也增高了教堂中殿的绝对高度。由于中殿忽然升高,原来侧殿拥簇着中殿,并支撑着中殿拱顶的水平推力的力学体系就无法成立了。有人会产生疑问:把侧殿一起升高不就行了?的确可以,但是拔地而起的中殿需要矮小侧殿的衬托,因此侧殿并不适宜升高。

高高在上的中殿交叉尖券拱顶体系产生两个主要的力:下压力和侧推力。下压力由粗壮的中殿支柱体系承担,侧推力的抵消则需要一个建筑外面的斜撑构件对应着尖券的起拱处,因此,工匠们发明了一个拱桥般的石构件(飞扶壁),跨越了低矮的侧殿,一端连着中殿的尖券屋顶,一端连着高高的柱墩(浮垛)。至此,"交

图 10-1　罗曼式教堂（瓜达卢佩圣母大教堂）
旁白：罗曼式建筑使用粗凿的石块垒砌成一个坚厚的实体，其结构的稳固来自于建筑的整体性和建筑的自身重量。因此，在建筑上开洞（如门、窗和走廊）都可能会危及建筑浑然的整体性。因此厚重的墙壁、狭小的窗洞和简单的结构被认为是罗曼式建筑的主要特征。

图 10-2　哥特式教堂（沙尔斯伯里大教堂）
旁白：哥特式建筑和罗曼式建筑的最大区别在于它试图创造一个石头的框架体系，而且，这个框架不能影响到内部空间的空旷和流动性。就这样，建筑师把所有的承重构件（浮垛、扶壁、飞扶壁，等等）都搬到了建筑的外面，为了不让这些构件显得粗笨和丑陋，艺术家在其上施以巧妙的装饰。斥责哥特式建筑充斥着装饰的人们并不懂得建筑师的苦心，比如所有教堂西面入口的杏仁形大门上往往向内斜削多至六层的装饰，那是为了削弱大门拱券的厚重感，在飞扶壁上装饰的小尖塔是为了压住飞扶壁一端的拱脚，而教堂内显著的如同一捆圆木的束柱则是为了使粗大的立柱显得苗条一些。

叉尖券拱顶＋飞扶壁＋浮垛"这一创新的静力学体系完成了，在某些建筑学研究者看来，这一体系本身并不太完美，相比于侧殿拥簇中殿的传统方法，这一体系显得繁复，不但增加了工程的难度，也使结构变得脆弱。但是比之于它所创造出来的优势，所有的诋毁指摘都显得那样苍白无力（图 10-3）。

　　这一体系的优势在哪里呢？首先是建筑物的雄伟外观。在参观者的眼里，这是哥特式教堂给人们的第一印象。的确，高高的中殿再配合着更高的采光塔和钟楼，仿佛一大片石头的丛林，所有的构件顶端都幻化为刺向苍穹的利剑，引导着人们望向光芒耀眼的天空。如果说哥特式教堂过盛的外部构件阻挠了人们对其高度的准确认识，那么人们进入教堂内部就会对这一问题得到更为纯粹的印象，因为中殿空间是建筑的唯一主宰，它那令人敬畏的高度让人感到必定是一种超乎自然的力量才能够造就这种奇景。这方面的翘楚当属法国的波韦大教堂，它的中殿达到了 46 米高，

19世纪的建筑理论家拉斯金感叹道:"即使是阿尔卑斯山上的岩石也不可能如此毫无障碍地垂直跌落。"

为了使这高度更令人心跳,许多建筑师非常智慧地强调了内部立面的垂直轴线,这使得这些石头柱子就好像有了生命一样,它们从基部的粗大束柱中抽枝长叶,到顶部伸展出伞盖般的穹顶,虽然柱子如此粗大(沙特尔教堂的柱子直径达到3.7米),但是举重若轻的工匠们把它们切割得像一把捆起来的芹菜,因此哥特式教堂虽然体量庞大,却从未给人以臃肿、钝重的感觉,反而处处充满了生命的愉悦和惊喜(图10-4、图10-5)。

光与色之舞

建筑大师贝聿铭曾说过:光是建筑的本质。这种说法不一定精确,但却是对哥特式建筑最好的诠释。想让建筑内部沐浴着暖暖的阳光,得创造一个框架式的建筑结构,并在框架之间安放窗户。这一点被哥特式建筑师阐释得很好:首先,尖券产生的侧推力要小于半圆拱,这就对墙体的厚度减少了要求,以至于轻灵的、不阻挡阳光的飞扶壁就可以传输侧推力;其次,交叉尖券使用"拱帆+拱肋"体系明确了建筑的受力分工,受力的拱肋把大部分重量传输给支撑拱顶的立柱,立柱和立柱之间自然产生了一个大大的、由玻璃覆盖的开间。这个由六个杏仁形"拱肋+拱帆"构成的拱顶是如此结合紧密,甚至在遭受"二战"轰炸时其受力的拱肋被炸断,拱顶也没有分开。

正是如此紧密的结构使建筑师放心地在这片空出来的地方大做文章,一种新的工艺——玻璃花窗在此时被激发出来。工匠们把彩色玻璃分割成小块,用铅条固定,并拼成一幅画。这种花窗主要分为玫瑰窗和高侧窗两种,玫瑰窗一般布置在几个重要入口处:西面入口和耳堂入口处。彩色玻璃窗从外面看一片灰蒙蒙,但是在教堂内部看却是一番绝美景象。让我们想想第一个看到这种美丽景象的人吧!他就是前文提到的絮热主教,当他和他那不知名的建筑师在教堂东端的半圆形回廊尝试性地装上了14扇几乎落地的玻璃窗,并用纤细的立柱代替那些厚重的分离式墙壁时,太阳那炫目的光芒瞬间就把这个供奉圣物的小礼拜堂照得如同冬日的花房,这个见惯世面的老艺术鉴赏家也被自己创造的美所震撼了,他用颤抖的手写下这样的话:"依靠那一排圆形礼拜室,整座教堂都将被从最明亮窗户射来的光线奇迹般照亮,弥漫着内部之美……"。这时候,他是否感到上帝已无言地通过美丽的光芒驱散了人们对于世俗之美的爱好了呢(图10-6、图10-7)?

可是,光却不是哥特式建筑的全部。在不懂建筑,也不信基督教的人眼里,教堂仍然充满着魅力,因为艺术充溢在教堂的每一个地方:天使微笑着,在黑暗中探出他贴金的俊美面庞;在钟楼的边角上,丑陋的怪兽托着腮陷入忧郁的思考;穿金戴银的国王和王后平静地躺在他们华丽的大理石棺上;救世主垂着头,鲜血从他的荆冠和消瘦的胸口上流下来。当早晨的第一缕阳光透过壮观的彩色玫瑰窗照在他们身上的时候,他们仿佛都从千年的沉睡中苏醒,开始呼吸,面孔也有了血色。这光

图 10-3 哥特式教堂的力学原理示意图 ｜ 图 10-4 哥特式教堂的四分拱肋拱顶
图 10-5 哥特式常用的枝状拱肋拱顶

旁白：拱肋由罗马人创造出来的时候，是为了让它支撑交叉拱顶，在哥特式的早期，人们仍然是用拱肋支撑十字形拱顶的，但是当哥特式进入英国时，这个航海民族善于制作木质龙骨的技术启发了他们的建筑师，人们才意识到拱肋本身已经是一种发育完善的结构，只要想得出来，它可以像积木一样打造出各种花样的造型。在英国，人们用拱肋创造出让人眼花缭乱的屋顶样式，如棕榈树、伯利恒之星、槌梁（一种英国建筑的木构造），等等。

第二部分　灵魂的居所

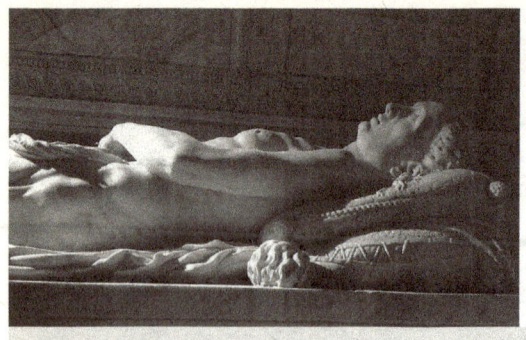 

图 10-6　圣丹尼教堂的雕塑　｜　图 10-7　圣丹尼教堂的东部半圆形回廊

旁白：在教堂的东边设置半圆形回廊是许多法国哥特式教堂的常规做法，因为在中世纪晚期开始流行一种朝拜圣物的欧洲旅行，这条路从法国中部开始，直到西班牙的西北部结束。在朝圣之路的重要节点均有大教堂，收藏着圣人的遗骸和遗物，半圆形回廊就是存放、展示这些圣物的地方。如果圣物十分重要，存放它的回廊又设计得美轮美奂，朝圣者就会大增，并大大拉动地方经济，因此，每一个教堂都把半圆形回廊当做设计的重点，力争出彩。

图 10-8　圣丹尼教堂内的卡佩家族王室赞助者雕像　｜　图 10-9　教堂内的装饰雕塑

旁白：在法国、西班牙和意大利的一些重要教堂的室内常常会看到大理石或者青铜的灵柩，灵柩的棺盖上雕刻着逝者的形象，这一点在圣丹尼教堂特别明显，教堂的侧廊小礼拜室满是卡佩王朝成员的石棺，使教堂成为他们华丽的坟场。这种在室内存放尸体的做法由来已久，虽然这些雕刻华美的棺材不失为一种奇特的装饰，但是在入葬很长一段时间内，进入教堂的人都会闻到明显的尸臭。17 世纪，在圣彼得大教堂工作的僧侣们就忍不住抱怨："教皇们的尸体让供奉上帝的圣所臭不可闻，使空气中到处散发着致命的病菌。"

芒是如此柔和，彩色的光斑像星星，像花瓣洒满了教堂的每一个角落，不但洒在沉睡的国王那大理石的面庞上，也洒在朝圣者虔诚的脸上，此时，有管风琴奏起悠扬的曲调，而唱诗班身着白衣的童子也唱起颂诗⋯⋯教堂变成了一个大舞台，日复一日地向虔诚的信徒们生动地演出一幕精彩绝伦的大戏，这出戏的名字就叫做"天堂"（图 10-8、图 10-9）。

灵魂的庇护所

中世纪的欧洲战火连天，疾病肆掠，饿殍遍野。人们悲惨地生活着，一步一步走向死亡，生活的意义在哪里？这时，教会向这些绝望的人们伸出温暖的大手：坚强些，孩子们！有信心的人们有福了，天堂在等着你们，而且不会太远！圣丹尼教堂的门楣上不是清清楚楚地写着么："我是大门，从我而入者，必将得救。" 还犹豫什么？快忘掉那苦难的生活和血腥的战争吧，迈入教堂，去获得暂时的轻松和灵魂的解放！教堂成为人们灵魂的庇护所，正如絮热所说："我们可怜的灵魂太弱，我们只有借助于拓展并丰富我们的感官知觉的范围和内容才能使我们走近真理。"

在那些迷信的老百姓的眼中，教堂使得这种信仰是如此的可信，耶稣不就在那儿挂着吗？那鲜血还在一滴一滴地流淌；天堂是如此之近，仰望天穹，花窗上的天使不是还在向他们微笑么？建筑师调动起所有的艺术样式，只为激发起人们的宗教狂热。从这个层面上看，哥特式教堂不仅是一栋建筑，更是一剂致幻的迷药。在天堂幻境的召唤之下，人们涌向工地，穷其所有，营建教堂，因为这关乎他们的今生来世，至关重要。仅在1180—1270年的90年间，法国就兴建了80多座大教堂。即使是肆掠欧洲的黑死病也没有停止这种建筑狂热。沙特尔大教堂名垂建筑史，谁曾想沙特尔的人民为了建造它，接替了那些为驮运石块而累死的马匹，把大量的石头运到了工地所在的小山上，而拉昂大教堂的建筑师们把那些运石块的牛的形象做成了钟楼上的出水口，因为对于生命的尊重就是对神明的敬畏。

可是谁又能去责备这些行为是否有些疯狂或是愚蠢呢？一位不知名的中世纪诗人吟咏道："世界脱下破旧的衣衫，为教堂披上洁白的长袍。"是的，若是没有这些大教堂，人们如何去安慰自己千疮百孔的内心，又如何走完这中世纪最后一段艰辛路程，去迎接文艺复兴辉煌的曙光呢？

11 理想的教堂:
两座圣彼得的教堂

在文艺复兴时期,绘画、雕塑和建筑界都涌现了众多的大师,布拉曼特就是这样一位人物,他设计的两个教堂:圣彼得大教堂和圣彼得殉难地小礼拜堂(坦比哀多)成为后世众多重要建筑的楷模,被尊为古典主义建筑的滥觞。尤其后者,一直被认为是文艺复兴时期最美的教堂。

来自东方的建筑风格

一座理想的教堂应当是什么样的呢?不同时代,不同民族的人们会有不同的答案。在文艺复兴这样一个崭新的纪元里,对新生活充满着信心和渴望的人们曾经不止一次地思索这个至关重要的问题,博学多能的达·芬奇就曾多次画过一些详细的手稿,去描绘他心中的圣殿。这是一堆拥簇着的房屋,好像一丛雨后长出的蘑菇,中间的主体顶着穹隆顶,穹隆顶上清晰可见的拱肋意味着这个拱顶的规模实际上是非常可观的,旁边的小穹顶包围大穹顶,但是包围的方式各有差异(图11-1、图11-2)。

总的来说,这是一种不同于意大利本土的建筑样式,建筑史上称之为拜占庭式,来自于保存着优秀文化的东方。在意大利的北部,和东方有着频繁贸易往来的威尼斯就有着这样一座大教堂:圣马可教堂。对于那时的知识分子来说,拜占庭教堂那闪烁着迷人异域情调的穹隆,不仅是一种美好的建筑样式,更象征着一种远比西方开化的,更为文明的生活方式。

对于一个建筑师来说,拜占庭式的建筑坚实的墙体、紧凑的布局、蓄势待发的

 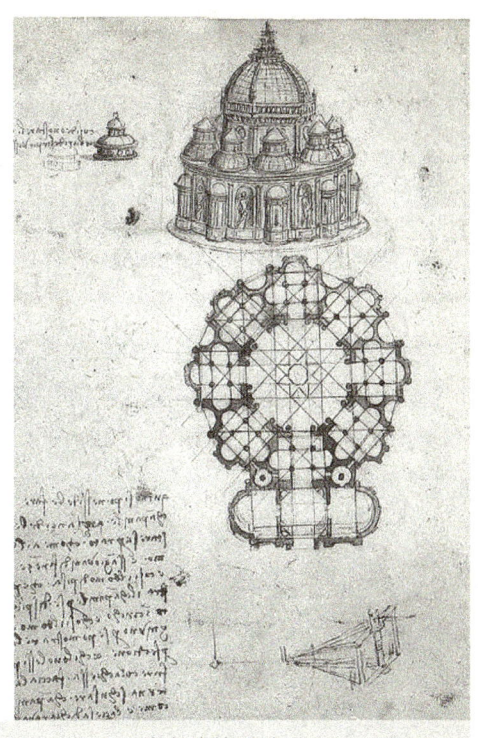

图 11-1　达·芬奇建筑手稿1　｜　图 11-2　达·芬奇建筑手稿2
旁白：据说达·芬奇曾深入地研究了维特鲁威的著作，并根据其理论绘制了《维特鲁威人》，但维特鲁威所提倡的希腊建筑样式（如柱廊、山墙）以及罗马人的拱门显然还没有融入他的建筑研究体系。所以，这两幅集中式教堂的草图虽然显示了他对于拜占庭教堂的改造，使之更为纯粹，但由于缺乏创造性和对于多元文化的融会贯通能力，最终使得达·芬奇在建筑方面的成就仍然无法与布拉曼特和米开朗基罗相匹敌。

体量感都给人前所未有的崭新体验，更重要的是，它和当时盛行于欧洲的野蛮人的建筑样式"哥特式"在理念和外形上都有着截然不同的地方，并更符合古罗马建筑师维特鲁威所强调的"坚固、适用和美丽"的原则。因此，有识之士们似乎达成了一种共识，认为这是一种由罗马人创造，但又流传于东方，并最终流失在东方的建筑样式，它代表着罗马的昔日荣光，把它作为意大利文化的复兴的象征，太合适不过了！

圣彼得大教堂

但是，真正地想把达·芬奇那不甚精确的草图，诗人的吟咏和画家的蛋彩画变成一座实实在在的辉煌殿堂，必须由一个具备极高的才能和极大的魄力的大能者来完成。这个任务最终落在了布拉曼特的身上，他就是达·芬奇的朋友，米开朗基罗的竞争对手，拉斐尔的提携者，那个时代最为才华横溢的建筑师。

他和雄才大略的教皇尤利乌斯二世筹划了一个惊世骇俗的项目：他们推倒了经历了一千多年风雨的老圣彼得大教堂，并准备用一个更大更美的教堂取而代之。设计师开始着手设计，这是一个大胆的方案，主体是一个大厅，覆盖着一个硕大无比的穹隆顶，在正厅旁还有四个侧厅，也顶着美丽的穹隆，在侧厅之外还有更小的侧厅，并一直发散下去，这些次一级的空间拥簇着，同时也烘托着主穹顶的美丽，就好像一群使徒围在救世主的身边……从平面上看，它又像一朵硕大无比的花，主穹隆是它的花心，一个个的小礼拜厅是它的花瓣，多么完美的设计！

人们认为这是布拉曼特在来到罗马之前，在米兰的宫廷工作多年，受惠于达·芬奇教导的结果。但是，只要做一个简单的比较，就会轻易地发现：达·芬奇的平面设计是多么简单而缺乏变化，而布拉曼特的设计则更多地显示了丰富的空间和多变的外观。布拉曼特在建筑方面的天赋和修养，显然超越了他的导师达·芬奇。教皇是个识货的明白人，他对这个计划表示赞赏，并立即指示：开工！可是，只建了支撑主穹顶的四个大柱墩，教皇就死了，没过多久，建筑师也死了。

人一死，茶就凉，接下来的教皇是一个俗气的胖子：利奥十世。这个教皇不喜欢宏大的气派，只在意纤小的趣味。他启用布拉曼特的亲戚：画家拉斐尔和建筑师老圣加洛来继续做，方案在教皇的授意下被改得细碎了。但是，这两个人又死了，接着，建筑师佩鲁奇、小圣加洛又进一步改动了方案。等到这两个建筑师也死了的时候，伟大的米开朗基罗登场了，他和布拉曼特生前的关系很不好，但也正是他，深刻地理解布拉曼特的伟大才能。他力排众议，尽最大可能地恢复了布拉曼特的原始方案，正是由于米氏的智慧和正直，圣彼得大教堂才得以按照布拉曼特设计的，最为宏大和浑然的布局执行下去。

今天我们看到的圣彼得大教堂已不是米氏所设想的样子，因为它又被改动了，

 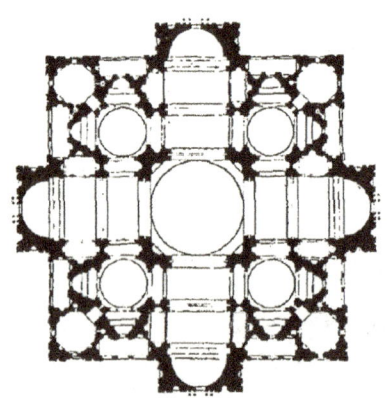

图 11-3 圣彼得大教堂鸟瞰　|　图 11-4 布拉曼特设计的平面

旁白：布拉曼特设计的亮点在于其外观的方正和内部复杂的空间安排，半球穹顶和方正的立面形成几何化的对比，主穹顶下的仪式空间，伸向四个出口的通道空间和多个小礼拜堂组成的功能空间主次分明，清晰明确。这种平面安排常常让人想起古代的浴场内部设计。

其后的设计师把建筑的两翼延伸，正厅也被加深了，布拉曼特设想的拜占庭十字变成了拉丁十字，但是如果抛却这些蹩脚的改造，建筑的主体仍然显示出强大的气场和坚实的力量感，这是十分贴合教堂的精神性的。因为在圣经中，耶稣曾把西门的名字改为现在的彼得（意为磐石），并说"我要把天国建立在你这磐石之上"。作为彼得的象征，难道教堂不也应当像磐石一般凝重、刚强？虽然圣彼得大教堂过多的参与者不可避免地稀释了布拉曼特的分量，但是布拉曼特设计、定下的布局和基调，也像那磐石一般不可撼动（图 11-3、图 11-4）。

坦比哀多的伟大

伟大的东西不仅仅在于它让人惊叹，更在于它让人深思。不能因为那宏大的规模，我们就简单地断言：圣彼得大教堂就是那个时代最为美好的象征，事实上，有一个小建筑，更为忠实地描绘了布拉曼特的构思，也更淋漓尽致地体现了那个时代的精神。

圣彼得的灵魂仿佛在召唤他，布拉曼特在尚未设计圣彼得大教堂之前，就接受了一个委托，这是一个虽然小，但是却颇为神秘和重要的设计。在罗马郊外的甲尼可洛山腰部有一座圣彼得教堂（十五世纪重建），在它的侧院里有一块不大的空间，笼罩着神圣的氛围，据说这就是圣彼得被倒挂在十字架上，慷慨殉教的地方。就是在这个狭小的空间里，布拉曼特建起了一座直径不足 8 米的小礼拜堂：坦比哀多。人们的普遍看法是，一座建筑就像一个人一般，应当有自己的活动空间，但是反其道而行之的坦比哀多，却让狭小空间变得更加狭小，这种空间的设计手法，首先就令人回味。

事实上，当建筑物被一个封闭狭小的空间围合的时候，反而会获得一种强大的张力。早在一千年前，来自小亚细亚的建筑师阿波罗·多罗斯就为图拉真皇帝的广场设计了一个纪念碑：图拉真纪功柱，这棵足有 37 米高的巨柱也树立在一个由两侧图书馆围合起来的狭小空间中。可见在小空间中，建筑的能量反而会保存起来，但前提是，这必须是一个伟大的优秀作品，因为局促的空间使人们不能退后，只能仰视。

建筑物朴素的外表上完全看不出布拉曼特曾有过一段依靠绘制装饰性壁画谋生的时期，乍一看，坦比哀多完全是个简单的造物，设计者只是进行了几何体的简单组合，下面是一个围着柱廊的圆柱体，顶着一个小一号的圆柱，再上面是一个半球，加上一个地下室，就完成了。比起那拥有复杂空间序列的卡拉卡拉浴场，比起那笼罩硕大空间的万神庙，比起那兼有空间和序列的圣索菲亚大教堂来说，这样小的规模，这样小的内部空间，这样简单的构造和技术，真是不值一提。

但是深刻的哲理往往就藏在简单的东西里。布拉曼特的伟大在于，他把这种样式提出来，似乎在告诉大家："别瞎忙活了。关于我们时代精神的象征物，我已经找出来了，就在这里，好好学习学习，总会有收获。"这个经典样式，不是他的导师达·芬奇所偏爱的小穹隆围着大穹隆的拜占庭式，也不是阿尔贝蒂设想的凯旋门

图 11-5 提沃利的维斯塔神庙 | 图 11-6 从庭院中望去的坦比哀多

旁白：在古代，圆形建筑的使用有着一定的限制，比如用于特殊的仪式，用于女神庙的形制，或是墓室和灵堂，或是出于声学传播的考虑，作为礼堂、运动场、剧院和音乐厅，等等。圣彼得的殉难地作为一个纪念性建筑，施以圆形平面是非常合理的。古罗马人往往使用构造复杂的穹隆顶覆盖大型空间，在坦比哀多这个小建筑上使用气势雄伟的穹隆顶，是希望产生以小见大的感觉。

式，而是一种奇妙的混合。正是他第一次把希腊人的柱廊和拜占庭的穹隆结合起来，把梦幻般的古代和神秘的东方融合在一起，但是这种混合不是荒诞无稽的，而是来自于建筑师对于形态和构造的透彻理解。由于太过完美，人们没有对它产生丝毫的陌生感，就好像这种崭新的形式已经经历了千百年似的。

我们不能对布拉曼特的创造力有半点怀疑，如果你觉得柱廊、圆形平面和穹顶的组合太过平凡，那是因为在其后的悠长岁月中，人们不厌其烦地复制了它们的缘故。当你在巴黎看到先哲祠，在伦敦看到圣保罗大教堂，在圣彼得堡看到喀山大教堂，在美国看到国会大厦，才会意识到这些都是坦比哀多流散到世界各地的后裔。

如果说达·芬奇的理想建筑模型来自于拜占庭的东正教教堂，那么，曾经遍寻古代罗马古迹的布拉曼特却自有他的"梦中情人"，这就是著名的提沃利的维斯塔神庙。我们还是从提沃利的维斯塔神庙开始研究吧！因为人们一致认为，这是坦比哀多的前身。

这座古罗马的小神庙拥有一圈混合式柱式（科林斯和爱奥尼结合）构成的柱廊，围合着圆桶形的神殿，神殿只有一层，人们猜测这上面应该有个很小的穹顶。这种圆形神庙在古希腊时代就创造出来了，到罗马时代这样式开始普遍起来，但是规模都不大，因为人们意识到这种均质而单纯的空间的实用性很小，完全不能满足人们复杂的宗教仪式。但是不可否认，这种圆形小建筑拥有美丽的外观，且不说维斯塔神庙迷人的装饰，光是它那掩映在绿树丛中的，犹如珠宝盒一般的形态，就常常被摄入画家的笔端（图11-5）。

但是这种造型多少年来一直游离在主流之外，是布拉曼特发现了这种建筑独有的珍贵特质。首先，它是古典建筑简化到极致的一种形态，三段式的建筑构造（柱廊、底座、屋顶)一样不少,但也不多。文艺复兴来源于古典,就要向它的根源:古典致敬,因此,简化的古典元素甚为符合这种精神;其次,圆形平面具有向心性质,能够汇聚目光,也因此具有纪念意义,而一个伟大的时代,是需要一个东西纪念它的伟大的(图11-6)。

维斯塔神庙存在那里已经上千年了,布拉曼特选择了它,这是一种眼光;但是,把它改变成一个时代的象征,一个虽小却雄浑有力的纪念物的话,还必须拥有智慧。如何改造它呢?办法很简单,做个"变性手术"就是了。维斯塔是女神,所以用华丽的科林斯柱式来供奉她;而圣彼得是慷慨就义的好汉,应当用代表男性的多立克柱式。我们看到的柱式是比多里克还要简单的塔司干柱式,完全荡尽了多里克剩余的一点竖槽装饰。光洁的额枋好像基督徒干净纯洁的内心。再上面,二层是一样的朴素,半圆的壁龛和方形的窗户交替出现,带来一些小小的变奏,一个纹章是唯一的装饰;再往上,一个小而饱满的半球形穹隆顶好像一朵鼓胀的花蕾,积蓄着生命的能量,等待着绽放的那一天。

如果说坦比哀多是一株植物,那么穹顶就是它的花朵,柱廊就是它的枝条,我们也不应当忽略它的根——地下室。这虽是布拉曼特的得意之笔,但一直很少为人们所重视。想真正感受这奇妙的设计,那只有让我们回到从前,想象一下当初修士们(因为现在是不允许进入的)前往此地下密室祷告的情景吧:他们进入庭院,首先看见坦比哀多充满整个庭院,犹如圣彼得挺立的躯干。沿着小礼拜堂曲线形立面行至背面,就能看到一对曲线形楼梯陷入光线幽暗的地下。12级台阶拾级而下,又看到有一对铜门把守着地下密室,推开了门,却见眩光扑面而来。怎么会有光呢?人们会看到斜上方有白色大理石龛,雕刻着圣子、圣母,彼得与保罗的圣像和一块保罗三世的铭牌。进入室内,可发现地板和天花上各有一个圆形孔洞,一暗一明,两相对应,一个刺入地下,深不见底,一个嵌入天顶,有光线漫射下来。这狭小的密室如此静谧,幻化为一个坚固的避难所,一个温暖的母体,一个人与神交流的场所。此时此地,一座圣像无声沐浴在昏暗的光线下,那是第一任教宗彼得——千余年前,他就在这个精确的坐标地,从容赴死,慷慨殉教(图11-7)。

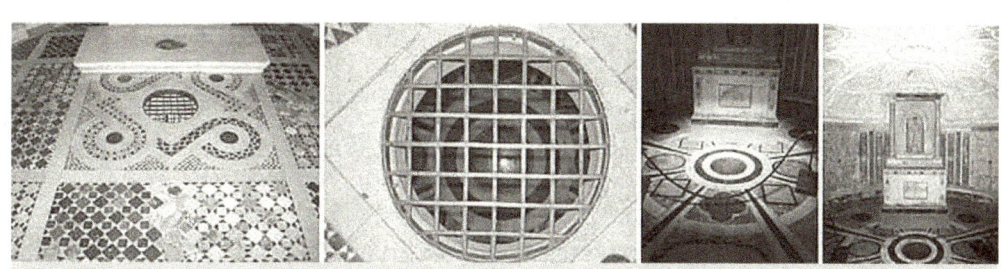

图11-7 坦比哀多的地下室
旁白:地下室的设计是坦比哀多的另一个核心和设计师的趣味所在,他希望人们进入这个空间会产生与圣彼得同在的感觉,因此没有太多扰乱思绪的东西,只有简单的光源让人们进入冥想状态。要知道地下室是早期基督教传道和礼拜的地方,也是基督徒死后藏身之所,在这黑暗的地方,古代的基督徒却不再害怕,因为主的教导和天国之光照耀着他们。因此布拉曼特还原了这种地下室,让人们直接面对圣彼得无言的教诲。

至此，就像一部交响乐，坦比哀多完成了它荡气回肠的全部历程。比之于圣彼得大教堂的大而无当，力不从心，这座小庙显得精光内敛，游刃有余。也正是这座小庙，不仅成为盛期文艺复兴建筑的伟大成就，也为其后的设计师提供了端庄的样本和不竭的灵感来源。

第三部分
信仰的力量

15 太阳的礼赞:埃赫那顿时期的艺术
14 永生的法门:木乃伊传奇
13 阿蒙的援手:拉美西斯二世时期的艺术
12 来世的写照:古埃及艺术

12 来世的写照：古埃及艺术

> 古埃及的人们认为死者的灵魂会在三千年的不断转世后再回来，这时，如果逝者的遗体还在，灵魂就会进入身体，人就复活了。可是他有没有想过，当遗体早已如同风中的枯叶般憔悴，灵魂凭什么认出这就是他曾经依附过的身躯呢？当人们从三千年的沉睡中醒来，他们做的第一件事又是什么呢？

相信重生的民族

孩子站在那里，望着棺椁放入地下的墓穴，问他的爸爸："妈妈去哪里了？明年，她会像花儿一样长出来么？"他的爸爸一言不发，抚摸着孩子的小脑壳，泪水从脸上掉落下来。

这是文学作品中常有的煽情桥段，但正像这个孩子一样，每个民族都有对于死后世界的想象，这种想象是富于浪漫主义的。人们希望死者复活，至少以另一种生命形式展现，这也就是大多数民族都存在埋骨于黄土这一风俗的原因。但是埃及人是一个想象力特别丰富的民族，他们在"死亡"这个命题上走得更远。当他们看到太阳东升西落，月亮阴晴圆缺，花开花谢，潮涨潮落，万物都在循环往复，把遗体埋入黄土，却从不见有复活者从土中爬出来……为什么呢？一定哪里出了问题。

一定有个复活的法门，在神话中，狡黠的女神伊西斯从年老的太阳神——她的曾祖父赖那里得到了这个秘诀。赖每天到傍晚都会死去，而他的灵魂落入冥府的一条黑暗河流中，在那里，有一条大蛇寻思着吃掉他，但是有了众神的帮助，赖的灵魂战胜了大蛇，这时一个甲虫附在他的尸身上，他就复活了，在地平线上露出笑嘻

图 12-1 众神在冥河中
旁白：太阳神每天都要沉入冥河，这个神话后来也为希腊人提供了灵感，希腊人也创造了他们的冥河，称为阿格龙河，还有一个摆渡的艄公卡戎，船作为渡河工具具有神圣性，在许多埃及寺庙的圣殿都有供奉。我们也常常看到法老独自昂首挺胸站在船上的雕塑。河流作为生与死的阻隔，在许多民族的文化中都体现出来，比如佛教也把佛法比喻成带你跨越生死障碍的小船，称之为"乘"。

嘻的红脸（图 12-1）。

复活的法门

赖复活的法门有二：首先，他复活是靠一种神奇甲虫的帮助。埃及人发现有一种小虫常常推着圆圆的粪球，粪球很大，小虫倒退着用自己的后腿吃力地挪动粪球，简直如同太阳神在天空挪动着太阳，它一定和太阳有着某种关联；同时，它的幼虫从粪球中破粪而出的样子也和太阳从地平线上出现的样子像极了，这真是一种神圣的甲虫，就叫它"圣甲虫"吧！哈哈，诸君一定猜出这就是我们常说的"屎壳郎"，它的学名叫做"蜣螂"。在木乃伊的裹尸布中常常会发现各种宝石制作的圣甲虫护身符，就是因为埃及人相信它们曾帮助太阳神复活，同样地也能帮助死者重生（图 12-2）。

其二，太阳神赖复活时，他的尸体是完好的，这样圣甲虫才有所依附。因此想要复活，保存好自己的遗体非常关键。埃及人是一个善于触类旁通的聪慧民族，关

图 12-2 圣甲虫配饰
旁白：圣甲虫的原型就是蜣螂，这种小昆虫外形丑陋。富于艺术细胞的埃及人想办法让它们变得漂亮起来，他们注意到粪蜣螂飞起来时翅膀在阳光下闪烁着荧光，因此常把它表现成迎风飞舞的形态，翅膀也变化成鸟类的五彩羽翼，这样圣甲虫就拥有了和它名字相配的高贵形象了。

于保存尸体，他们想到的首先是腌肉，腌肉可以保存一两年不坏，味道还很香呢，把人腌一腌也是一样的道理吧？但是人的遗体太大，需要保存的时间也太长（埃及人推测灵魂三千年后才会回来），照腌肉的法子太低端了，一定要有更为完美的办法，埃及人从古王国时期就开始探索这门科学，直到新王国时期才将它发展完善，这就是举世闻名的制作木乃伊的技术。

法老的金面具

　　木乃伊虽制作成功了，但是死者的脸犹如一张枯叶般憔悴而衰败，毫无生机。灵魂回来的时候可不想住在这里头，得想个办法弥补弥补，做个金面罩是个不错的办法，说实在的，这可不是埃及人的独创，世界上许多民族都喜爱在死者的脸上罩个面罩。希腊的迈锡尼文明最为著名的文物就是号称"阿伽门农的金面具"的金面罩，两河流域的阿卡德文明也有一个著名的"萨尔贡一世的青铜面具"，中国三星堆古蜀文明也有金面具的出土。这可能是希望仰仗金子的珍贵和不朽使死者得到某种永恒。

　　但是埃及人的金面罩超出所有民族，体现在两个方面：首先是形象的真实和传神。著名的"图坦卡蒙的金面罩"出色地表现了这位年轻法老英俊而稍显无神的青春面庞，是古代世界少有的写实雕塑作品。其次是工艺的复杂性。面罩以金片捶揲而成，在眼睛部位镶嵌黑曜石和白色石英模拟真实的眼睛，甚至连眼角的血红色都做了出来，眉毛和眼圈用透明的蓝玉镶嵌，而胡子使用绿松石，法老的王冠和大项圈使用彩色宝石和珐琅彩装饰得金碧辉煌，镶嵌工艺天衣无缝（图12-3、图12-4）。

图12-3　图坦卡蒙金面罩正面　|　图12-4　图坦卡蒙金面罩反面
旁白：埃及君王的装饰都有着象征性，蓝色的眼线是模仿了鹰隼的蓝色眼圈，鹰隼是大神荷鲁斯的化身，它是帝王的保护神。王冠是模仿了愤怒的眼镜蛇鼓起的双颊，也有些像雄狮的鬃毛，眼镜蛇和狮子都是重要的皇家守护神，而法老的长长的假胡须则象征着他是人间的奥西里斯神。

 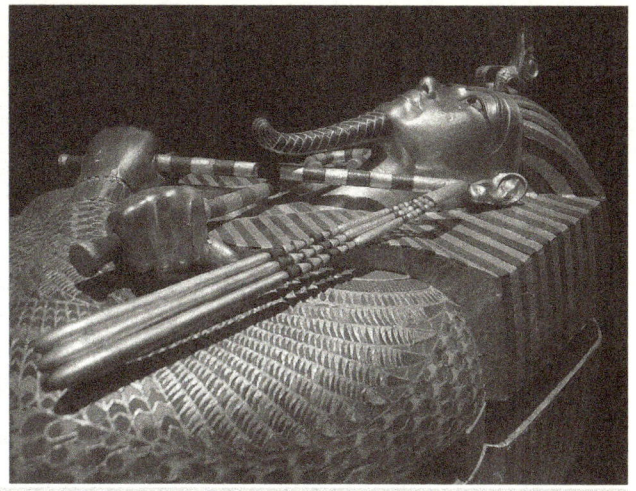

图12-5 图坦卡蒙的黄金人形棺1 ｜ 图12-6 图坦卡蒙的黄金人形棺2

旁白：人形棺由厚厚的金片打制而成，上面的图案由一种叫做掐丝画珐琅的工艺制作而成，具体的方法是用金丝做出图样贴在棺体，再在金丝框出的图案上点上各种色彩的矿物颜料，最后打磨光滑。这种工艺由埃及人首创，在元代才传入中国，明朝景泰年间发展成熟，中国人称之为"景泰蓝"。

棺椁体系

金面罩是和死者的木乃伊相配套的，在木乃伊的外面还有棺椁，埃及权贵的棺椁如同俄罗斯套娃般层层相套，法老的棺椁层数则更多，这一方面是要给盗墓者制造点麻烦以保护死者，另一方面则是显示死者的尊贵。由于盗墓现象严重，我们很难看到完整的一套棺椁系统。因此，保存完好的图坦卡蒙的棺椁就显得特别珍贵了，它向参观者上演了一幕生动的以"死亡·重生"为主题的黄金七重奏：外椁是四层用黄金覆盖的木制圣柜，外椁内是整块黄色石英岩雕成的内椁，盖是用玫瑰色花岗岩制成的，石棺周身雕刻的伊西斯女神伸开双翅托住棺脚。庞大的石棺盖下，还有三层人形棺。最外层是贴金木棺，棺盖上是国王的金像，脸用纯金铸成，前额上镶嵌着艳丽的眼镜蛇和秃鹰——上埃及和下埃及的图徽。第二层也是贴金木棺。最内层是最为华丽的黄金颜面人形棺，前后均用3厘米厚的金板制成，重110千克。黄金棺上的法老两臂相互交叠，手里握着权杖，又是伊西斯女神的羽翼环绕着金棺，工艺极为精湛。

棺椁的层次如此之多，同样的主题又反复出现，但呈现不同的视觉体验，仿佛一个能把单一食材做出无数种菜式的大厨，每每给人惊艳和欣喜之感，显示了埃及艺术家深厚的艺术素养和充满灵性的创意（图12-5、图12-6）。

正面律的秘诀

光是极尽奢华的棺椁和面罩，还不足以说明埃及人对于死亡的重视，他们设法给死者一个靠谱的身份证明和简历，当然是通过他们擅长的方式——图文结合的壁上绘画来表现，相比于棺椁和面罩等奢侈品体现的拜金主义，这种具有普遍性的方法更能体现埃及艺术的魅力。

为了更为真实和全面地表现死者生前的形貌特征,埃及人发明一种绘画手法,这种手法和警察局给犯人拍照记录的方式有相似性,犯人被拍摄多个视角的照片,头顶、后脑勺、正面和侧面,几乎囊括他所有的特征。埃及人的绘画也显示出这种野心,他们觉得侧面的鼻子显得挺拔好看,正面的眼睛形状柔美,侧面的四肢显得强壮,正面的身躯显得匀称,于是就将这一切综合起来,似乎也还和谐。一个活着的人根本摆不出这种姿态,但在画面中却显得那么自然,这只是埃及人心中理想人类的形态模式,有了这个准确的图纸,灵魂就不会在回来的时候晕头转向,这是埃及人自己最为看重的,后来的研究者给这种画法起了个名字叫"正面律"(图 12-7)。

从艺术的角度看,正面律体现了埃及人将看起来美好的角度协调起来的能力,也证明埃及人早已明白艺术创作的真谛在于其和现实要拉开那么一点距离。当然了,这也让习惯于将焦点透视作为绘画角度的唯一标准的后人感到些微的茫然。

这个埃及人自创的模式是如此"完美",以至于他们固执地将此传统延续了几千年而不做任何改变,大量的周边民族,如巴比伦、亚述、波斯和希腊都被埃及人影响,将正面律奉为"金科玉律"。在 20 世纪,有一位举世闻名的怪才,也受到埃及艺术的"毒害",将各个角度的人脸综合在一起,形成多棱镜般的效果,这就是毕加索,这种绘画方式被叫做"立体主义"。无论是立体主义还是正面律,都显示了艺术的表现方法充满丰富的变化,而最为重要的是,它表达了人们内心对于自然的感受(图 12-8)。

图 12-7　宴乐图壁画
旁白:富有的埃及人喜欢在宴会上用舞女和乐师奏乐助兴,他们死后也希望享受这种生活,因此将之表现在墓室的壁画上,因为舞女身份低微,在绘画时没有遵循严格的正面律,图正中的小个子舞女,身体为侧面,虽然犯了忌讳,却是生动和准确的。

图 12-8　月色(毕加索油画作品)
旁白:毕加索身处在 19 世纪末,这时的画坛特别强调对于古典绘画的反叛。反叛容易,如何建立新的体系却并不容易,毕加索的新体系建立在对于古希腊和罗马之前的古代艺术的学习,埃及人对于造型的独特处理手法一定深深启发了他。

镜子的重要性

埃及人将一切他们想得到的法子运用于死后的世界，同样地，他们也将一切的家当——家具、马车、食品等搬入黑漆漆的墓穴，法老的地下墓室中都有一个储藏室，用以存放这些东西。在所有的随葬物品中，镜子是值得一书的物件。埃及人具有一种联想能力，能够把普通的物件和神圣的事物相连。圆形的黄铜镜子明晃晃的，好像一轮金光闪闪的太阳，因此镜子是太阳的象征，而太阳也具有重生的能力，因此，镜子也就具有使人重生的能力。除此之外，镜子所呈现的虚幻的形象也是人生虚幻的象征。还有一个最为重要的原因是，镜子具有实用意义，当灵魂回到木乃伊里，死者就重回人间了，这种感觉应当和人们一觉睡醒后的感觉相似吧？那么照照镜子以正衣冠就显得理所当然了，这样看来，镜子显得那么贴心和富有人情味（图12-9、图12-10）。

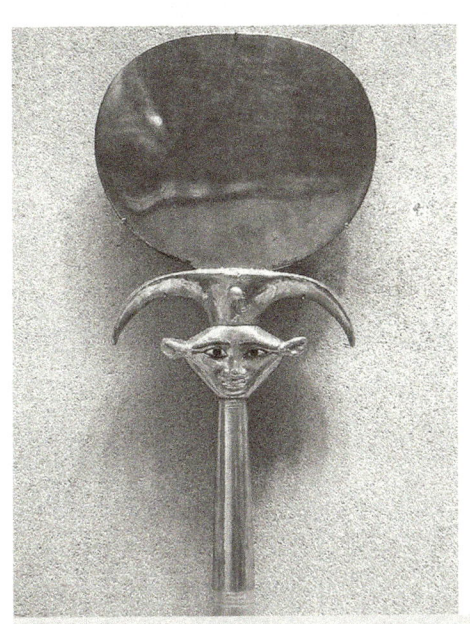 

图 12-9　黄金柄青铜镜　｜　图 12-10　图坦卡蒙墓室出土的镜子

旁白：在图坦卡蒙墓室中出土的镜子的形式十分特别，它和宗教中重生的标志"安卡"联系起来，让我们意识到镜子也是重生仪式中重要的一环。

悲凉的葬仪

虽然人们最终相信可以获得重生，但是死亡仍然是悲凉的，当家庭中的当家人物去世的时候，家中所有的妇女就用泥土涂抹她们的面部或头部，然后她们和亲戚中的女性离开家中的尸体，跑到城镇的各处巡行哀悼，她们的外衣束着带子，但胸部却裸露出来。为什么要裸着胸部呢？大概是要一边走一边捶打自己的胸部，并且号哭。古埃及最后一个统治者埃及艳后在她的情人安东尼死去的时候，悲痛地捶打自己的胸部以至于伤口严重溃烂。女王一生以伊西斯女神自居，但安东尼却没有像奥西里斯那样醒来，也正因为如此，他们的爱情故事才那么的哀怨缠绵，被后人传唱不已吧（图12-11）。

对于家中宠物的去世，埃及人同样要进行哀悼，如果是一只猫，家中所有人都要剃掉眉毛；如果是一只狗，则要剃掉全身的毛发。这些小动物也同样会被做成木乃伊，分享对于永生的希望。对于死亡的敬畏使埃及人的生活和艺术都充满了悲壮的崇高感（图12-12）。

图12-11 埃及艳后克娄巴特拉（油画）
旁白：埃及艳后是埃及托勒密王朝最后一个统治者，她有希腊人的血统，相貌出众，富于权谋，她和罗马统治者恺撒，罗马将军安东尼的爱情故事历来为人们传颂。她最后为屋大维击败并捕获，为了不沦为别人嘲笑的对象，她用一条藏在无花果中的小毒蛇结束了自己的生命。
图12-12 猫的木乃伊（古埃及）
旁白：古埃及人认为万物有灵，猫的眼睛在一天中会随着太阳光线的变化而变换形状和颜色，人们因此认为猫是太阳光芒的化身，给它取名为"贝斯特"，作为太阳的伴神。

13 阿蒙的援手：拉美西斯二世时期的艺术

当我们惊叹于拉美西斯二世所留下的辉煌的建筑物和取得的巨大成就时，我们很难想象我们的感受其实是一场精明的广告策划产生的结果。拉美西斯二世，这个狡黠的法老，如果他有灵魂的话，看到人们完全被他的魅力折服，已然忘记了在他之前的那些光辉璀璨的名字，他一定会躲在石头巨像后面，窃窃地坏笑起来吧！

卡叠什之役

法老拉美西斯坐在战车上，一支大军在他的领导下急速前进。四月的天气已经极为闷热，好在已快到奥龙特河了，他想。忽然响起一阵杂乱的声音，士兵们押着两个赫梯人走来，赫梯人衣冠不整，神情沮丧。通过翻译他知道这是两个赫梯逃兵，于是法老厉声问道："赫梯人军队驻扎在什么地方？有多少人？将领是谁？从实说来，就饶你们死罪。"逃兵战战兢兢地告诉翻译，赫梯人的国王穆瓦塔里什带着一小股军队就驻扎在前方奥龙特河的对岸，两人听说埃及大军压境，胜算不多，于是打算逃跑，没想到反被埃及人逮住。

年轻的法老早就对漫长的行军不耐烦了，对于求战心切的他来说这是个好消息，趁赫梯人还立足未稳，打他个措手不及！于是法老带领着大军里最为精锐的阿蒙支队，没有等待后面三支军队集结，就率军开往卡叠什城下的平原。在这里，士兵们又抓住两个赫梯士兵，这两个士兵高大彪悍，士气旺盛，拷问他们才知道，原来他们是早早守候在这里的赫梯伏兵，法老这才意识到可能中了埋伏。

一时间，成千上万披带整齐的赫梯士兵呐喊着从城堡中涌出，毫无思想准备的阿蒙支队溃不成军，四下逃窜。在这危急时刻法老没有慌张，而是召集剩下的士兵试图突破重围，法老本人在战车上，拉开他那乌木和羚羊角制成的硬弓，张弓搭箭，几乎百发百中，惊恐的赫梯士兵纷纷让开，法老威严的神态和魁梧的身形，以及那临危不乱的大将之风给他们留下深刻的印象。无奈敌军势众，眼看就要不敌。法老一边作战，一边在心中焦急地祈祷阿蒙大神给予他援助。

看到埃及人被击溃，赫梯士兵被贪欲冲昏了头脑，他们丢下围攻的念头，蜂拥去搜寻战利品，那就是埃及士兵的盔甲和兵器。这给了法老以喘息的机会，他继续突围，在这时，另三个支队得到法老陷入包围的消息，急急忙忙地赶来救援，最终突围成功，轻敌冒进的法老捡回一条命，但至少损失了四分之一的人马，而赫梯军队几乎毫发未损，战役以埃及人的惨败告终，他们元气大伤，打道回府（图 13-1）。

图 13-1　拉美西斯二世在卡叠什之役中（复原图）
旁白：公元前 1285 年，法老率军朝奥龙特河谷进发以征服卡叠什，这是赫梯族在叙利亚建立的一座重镇。拉美西斯率领两万士兵和 200 辆战车，在当时的战争中，这是数目极为庞大的军队。这些兵力被分为四支，以神的名字命名，其名称分别为阿蒙、布塔、拉和塞特。这次战争的目标是叙利亚北部的土地，而对手则是穆瓦塔里什国王，他有一万名士兵和 3500 多辆战车。战争结束后，埃及人损失了一个支队，而赫梯人损失了许多战车。虽然法老轻敌冒进，中了埋伏，但也不可否认，他的勇敢和坚定使这次战争的损失降到了最小。

这是埃及历史上最为著名的一次战役：卡叠什之役。当时，在小亚细亚中部崛起的赫梯人攻城略地，埃及在叙利亚的殖民地几乎全部落入赫梯帝国的版图，图特摩斯三世这位伟大的法老经历 15 次远征打下的庞大军事帝国已经岌岌可危。拉美西斯二世虽想收复失地，中兴帝国，但这次沉重的失败似乎成为一个不祥的预示。16 年过去了，埃及和赫梯经历了无数场战役，但是一直没有取得决定性的胜利。公元前 1296 年，两国签订合约，赫梯合法吞并叙利亚，拉美西斯没有收复失土。

败仗变卖点

只要冷静地观察拉美西斯二世远征叙利亚的历史事件，就会发现这位法老的军事才能实在平平。但是无论如何，他达到了另一种胜利，这个胜利超越了远比他能征善战的前辈图特摩斯三世，也超越了他的老对手赫梯王国，叙利亚几经易手，归属于谁早已不再重要，但拉美西斯二世的大名却扬威异域，传颂千古。这是因为他在战争之外，还懂得了一门科学：传播学。

要知道传播学可并不是拉美西斯二世的专利，古埃及的法老一直善于宣传和包装自己，女法老哈特谢普苏特为了达到传扬美名的目的，不惜装上假胡子冒充男人，在柱子上刻上莫须有的战争；阿蒙霍特普三世也曾宣称太阳神是他的生身父亲，并要求底比斯的太阳神祭司帮他圆谎；从未打过仗的小法老图坦卡蒙命人在自己的箱子上到处画上自己奋勇杀敌的英姿。打仗是这些法老最喜欢炫耀的政绩，而且，画家们把法老画得异乎寻常地高大，以至于法老面前的敌人和俘虏如同蠕虫一般孱弱。这种"自卖自夸"的宣传模式由来已久，从未被改变过。在聪慧的拉美西斯二世眼里，这种陈旧的把戏太过简单直白和缺乏创意，没有吊人胃口的悬念，也没有扣人心弦的打斗，完全是没有参加过战争的人臆想出来的虚假战争，是糊弄不了人的。

拉美西斯二世认为，如果照搬前任法老的宣传模式，那就太吃亏了，后世的人们会认为他和女人、儿童一样不谙战事，只会吹牛。拉美西斯二世心里想，一定得用一个全新的宣传方法，让人们知道战争的艰苦卓绝，法老的身先士卒和胜利的来之不易。想想自己打了这么多年的仗，最让他刻骨铭心的就是卡叠什城下的这场战役，想起那潮水般涌来的敌军，阿蒙支队被瞬间吞没……太可怕了。因为在这场战役中，法老意识到生命的脆弱，也感受到神灵的存在。是的，要不是天上的阿蒙神看到了他内心的无助而伸出援手，他怎么能从那次血战中逃出性命？阿蒙神救了他，不为别的，只因为他是神的儿子，神所喜爱的人。

"阿蒙神拯救了他所眷顾的拉美西斯二世"——宣传的基调定了下来，这个主题所对应的内容就是那场卡叠什之役。法老这是要让全世界的人都知道，我不是十全十美的法老，也没有百战百胜，但我是太阳神的儿子，他在关键的时候救了我，这就够了。同时这也给埃及人民和那些跟着他打仗的士兵一个交代：打了16年的仗，还把叙利亚给打没了，这是天意，不能怪我。

法老的宣传策略颇有些逆向思维的意思，但是它结合了一个真实的历史事件，因而也让人容易信服；同时，这个策略又特别符合人性从而打动人心，因为人只有在逆境中才会产生虔诚的宗教情绪，人人都体会过法老的那种无助，但不是谁都有法老那种好运，这样一想，人们就会觉得法老宣传的概念合情合理。

太阳神之手

法老的艺术家和建筑师忠实地把卡叠什之役的画面刻在了法老所建造的所有建筑物上，在这些画面中，最为典型的是法老站在驷马战车上张弓搭箭的英姿。乍一看，这和以往法老所表现的画面相似，但是仔细一看，画面显示出超现实的感觉：法老

图13-2 岩凿壁画（拉美西斯二世在卡叠什之役中）
旁白：此幅壁画在拉美西斯二世修建的神庙中时常见到，已经成为他的标志，从艺术风格上看，人物的表现还体现出埃赫那顿时代的纤细和弹性，法老并未把自己表现得那样强大，相反，他显得身材修长而匀称。在画面中，人们可以清晰地看到法老身旁多出来的阿蒙神的手臂，虽然这种画法有着它的宗教含义，但也好像表现了动作的瞬间性和连续性。这种具有创意的表现手法和某些未来派的绘画风格十分相似。

正在射箭的双臂后又出现了另一双手的重影，也摆出一模一样的射箭姿势，这种画面出现在黑暗幽深的石刻庙宇中更给人以"见鬼了"的感受，人们不禁猜测那双手是谁的？其实根据人像旁的铭文就知道了，这就是太阳神对他伸出的援助之手（图13-2）。

静下心来想一想，这种画法真是高明，神秘的太阳神，未见其神，先见其手，而且这双手和法老的双手做着一样的事情，如此协调，就连手的粗细长短也是一模一样，简直如同法老的双生兄弟，又如同法老的"灵"在黑暗中若隐若现。其实太阳神和法老的接触在古老的壁画中常常体现：太阳神搭着法老的肩膀，和法老并肩而坐，或是把象征永生的安克架递给法老。这种画面虽然清晰明了，但也把神圣神秘的事情给平淡化了，甚至让人质疑它的真实性。但和法老一起战斗的太阳神则是一个崭新的形象，它试图解释一个问题：既然太阳神和法老一起战斗，我们为什么看不到他呢？壁画告诉人们，就连法老也看不到太阳神，但能感受到他强大的力量！正因为如此，法老才会在逆境中奋勇杀敌，直到突出重围。

可以肯定，这种画法来自法老的授意，当我们流连于这些绘画之前，也不禁感慨，法老不仅拥有超凡的创意，也熟谙将之转化为超越图像的强大能量的设计手法。用一句我国的唐诗形容，就是"英雄割据虽已矣，文采风流今尚存"。拉美西斯二世时代的许多壁画都体现出对古老模式的突破，比如法老对抗的敌人也和法老一样高大、强壮，这似乎削弱了法老的光辉，但使战争的激烈和真实感加强了，法老战绩的可信度和所获得的荣誉感也随之增强了。

希罗多德还记载了拉美西斯二世一件有趣的事情：拉美西斯二世远征叙利亚时，同时征服那些试图脱离埃及统治而独立的小亚细亚民族，每当遇到那些为自由而英勇反抗埃及人的民族，他就树立石柱记载战绩；而征服了那些不战而降的民族时，他也树立石柱记载战事，所不同的是，他还加上了一个大大的妇女阴部的图形，嘲笑他们是一个娘娘腔的怯懦民族。从传播学的角度看，法老还通晓使用符号和图像说明复杂概念的平面设计手法，而且言简意赅，形容十分贴切有趣。

视觉大轰炸

在远征叙利亚之后，拉美西斯二世又开始了对努比亚的征讨。努比亚在埃及的南方，尼罗河的上游，也就是现在的苏丹。努比亚人是黑色的非洲人种，文明程度比埃及要低，埃及人看重的是他们的金子、象牙、鸵鸟毛和宝石。努比亚在埃及语里的意思就是"金子"，在打仗时，埃及人也常常征召努比亚雇佣军。比起大有油水可捞的努比亚战争，和赫梯人的战争真是吃力不讨好，现在努比亚被打败了，大发战争财的法老准备大兴土木，但在此之前，必须让努比亚人输得心服口服，为此，法老决定在埃及和努比亚的边界兴建一个巨大的神庙，这就是名闻遐迩的阿布辛拜勒神庙。

阿布辛拜勒神庙坐落于纳赛尔湖西岸，由两个岩石雕刻而成的巨型神庙组成。说是神庙，但神庙的主体就是向山体内开凿的几间不大的石室，石室尽头的圣殿摆着法老和阿蒙等三位神灵并肩而坐的神像。对应着这四个神圣的小石像，神庙的狭小门洞两边树立起四个巨像，全是拉美西斯二世，而且一模一样！法老巨像伫立在神庙和陵墓的外边，这种做法古已有之，最为著名的就是以法老哈夫拉为头像的狮身人面巨像，在拉美西斯二世之前，阿梅诺菲斯三世树立在神庙前的石像也很有名。和这些作品显示出纯粹的自我炫耀不同，拉美西斯二世的巨像具有明确的功能性质和明显的传播学策略。

诸君可以想象，纳赛尔湖对岸居住的努比亚人，有一天早晨起来，发现对面那熟悉的山头变了样，变成了刚刚掠夺过他们的那个凶狠的法老！一个都已吃不消了，现在好了，一下变成了四个，而且那么高那么大，光是法老的小腿，看起来比他们村子里最古老的树还要粗。法老的眼神看起来很安逸，但他可真是个不好惹的家伙！被征服者彻底地郁闷了，他们开始明白，有了这么个邻居，好日子就过到头了。当然了，法老的目的也达到了，为了让战败的民族不起造反的念头，他想出这么一个好法子：派四个高大的替身盯着他们！要知道古人十分迷信雕像的力量，他们天真地认为人的灵魂可以附在雕像上，因此在尚处于原始社会末期的努比亚人的眼里，那些巨石像不啻就是强大法老的真身。把法老的形象复制四个的做法，如果套用广告学的术语，叫做视觉轰炸，就是不管你喜不喜欢，设计师用强势的宣传硬把概念灌输到你的脑子里。这种运用视觉方法镇压被征服者的方法虽然劳民伤财，但还是很管用的，至少在拉美西斯一朝，努比亚人没有再起过造反的念头（图13-3）。

这种塑造巨型纪念雕像的宣传手法似乎颇得法老的钟爱，可以引发狂热的偶像崇拜。在底比斯的阿蒙神庙和拉美西斯祭庙中，法老在自己修建的门塔和大庭院中也放上了自己的巨像。在来访者的眼里，拉美西斯二世那英俊的，甚至有些憨厚的面庞和他那高大的，或坐或立的身影已然成为埃及亲切的视觉符号。

改头换面

如果研究一下拉美西斯二世的宣传炒作方法，就会发现，阿布辛拜勒神庙建筑这样费工费时（建了20年）的原创设计其实在法老的"设计生涯"中并不太多见，他并非胡夫或是哈夫拉那样的自大狂，只为实现一个疯狂的想象就耗尽整个埃及的财力和民力。事实上，拉美西斯二世是一个节制而严谨的设计师，他严格地遵循设计师的

图13-3 阿布辛拜勒大神庙
旁白：阿布辛拜勒神庙位于埃及的阿斯旺，毗邻苏丹。建于公元前1300—公元前1233年，庙高30米，宽36米，纵深60米，门前有四座巨型石质拉美西斯二世坐像，每尊高20米，像旁有其母、妻、子女的小雕像，经过逾3000年的风蚀仍完好无损。神庙设计者精确地运用天文、星象、地理学知识，按照要求把神庙设计成只有在拉美西斯二世的生日（2月21日）和奠基日（10月21日），旭日的霞光金辉才能从神庙大门射入，穿过60米深的庙廊，撒在神庙尽头的拉美西斯二世石雕巨像的全身上下，而左右的其他巨型石雕都享受不到太阳神赐予的这种厚爱，人们把这一奇观发生的时日称为太阳节。

原则，那就是：以最少的钱，解决更多的问题。那么他是如何实现这个原则的呢？

首先，拉美西斯二世十分注重借用已有的资源，很多前代法老修建的神庙，被他改装一下门脸，在门口放上自己的巨像，再把别的法老刻的铭文刮掉，刻上自己的铭文，就焕然一新，成为他的神庙。当然这也是以对于其他古建筑的破坏为代价的，比如哈夫拉金字塔上那漂亮的粉红色埃塞俄比亚石材外饰面就被偷剥了下来做了别的用途。这种修修剪剪的设计功夫，法老已经驾轻就熟，玩得浑然无迹。他仿佛有一种天才的直觉，知道这座神庙应当添加一个什么，添加在什么地方，被他改造后的神庙往往闪亮无比，增加了魅力，这种点石成金的本领真让后代的设计师望尘莫及，艳羡不已。

前文提到的阿蒙神庙就是一个突出的例子。这是全埃及规模最大的神庙建筑，新王国时代历代帝王都热衷于为它添砖加瓦，以增加自己的功绩。而拉美西斯二世所做的事就是添加了最为辉煌的一笔——多柱大厅。他别出心裁地在空荡荡的大庭院之后，设计出充塞134根巨柱的密集空间，当人们从阳光刺目的广场忽然来到这幽暗阴凉的所在，等眼睛慢慢适应黑暗，就会看到刻满象形文字的巨柱如同巨石森林般屹立，连绵不绝，目不暇给，给人以强大的压抑感和心灵震撼。每一根石柱都成为展现法老不朽战绩的巍峨画卷，人们可以在较凉爽的环境中从容地环绕石柱，边走边赏，如同参观画廊和博物馆一样，不知不觉中，我们也会被误导，以为这偌大的阿蒙神庙只是拉美西斯二世一个人的博物馆。前代法老所建的建筑全部成为拉美西斯二世肆意宣泄的铺垫，阿蒙神庙的辉煌只是更增添了法老的万丈光芒（图13-4至图13-6）。

图13-4　卡尔纳克的阿蒙神庙复原图
旁白：卡尔纳克的阿蒙神庙始建于中王国时期，至新王国第十八王朝时大加扩建，第十九、二十王朝又续有增修。到新王国末期，它已拥有10座门楼，各座门楼又有相应的柱厅或庭院。全庙平面略呈梯形，主殿按东西轴向布置，先后重叠门楼六座，又从中心向南分支，另列门楼四座。除主殿供奉阿蒙神外，还另建供奉阿蒙之子柯恩斯神和阿蒙之妻穆特神的庙宇。阿蒙神庙占地24.28公顷，由许多部分所组成。其中最主要的就是大柱厅，该厅长366米，宽110米，面积约5000平方米，有六道大厅，134根石柱，分成16排。中央两排的柱子最为高大，其直径达3.57米，高21米，上面承托着长9.21米，重达65吨的大梁。其他柱子的直径为2.74米，高12.8米。在柱顶的柱帽处，可以安稳地坐下近百人，其建筑尺度之大，实属罕见。

从建筑学的角度看，如此多而密的石柱并非必要的构件，柱和柱之间如此接近，纸草状柱头在顶部互相交接，甚至短短的石头过梁底部都雕刻着象形文字。空间如此密集，信息如此铺天盖地，这种手法和阿布辛拜勒神庙前的四尊法老像一样，起到了视觉轰炸的效果，只是这一次是带有抽象意味的图像信息的轰炸。拉美西斯二世设计的柱厅虽说是神来之笔，但因其实用性和操作性不强，并没有太多的人去仿效。但在20世纪，一位意大利建筑师被多柱大厅的神秘和威严深深感动，他就是特拉尼，在他的未建造的著名建筑方案——但丁纪念馆中，设计师设计了一个密集柱阵，象征但丁在神曲开篇中走进的黑暗深林，其浓厚的哲学意味让人深思、叹服，同时也体现了特拉尼对阿蒙神庙多柱大厅的致敬（图13-7）。

平庸的艺术

拉美西斯二世虽然通过大肆的营造工程和高超的宣传策略换得了流传千载的美名，但在这让人眼花缭乱的宣传手段背后，我们也能够发觉，作为一个设计师和策划者，法老是极为高明和具有创见的，但是他留下的作品的艺术质量却是如此的粗

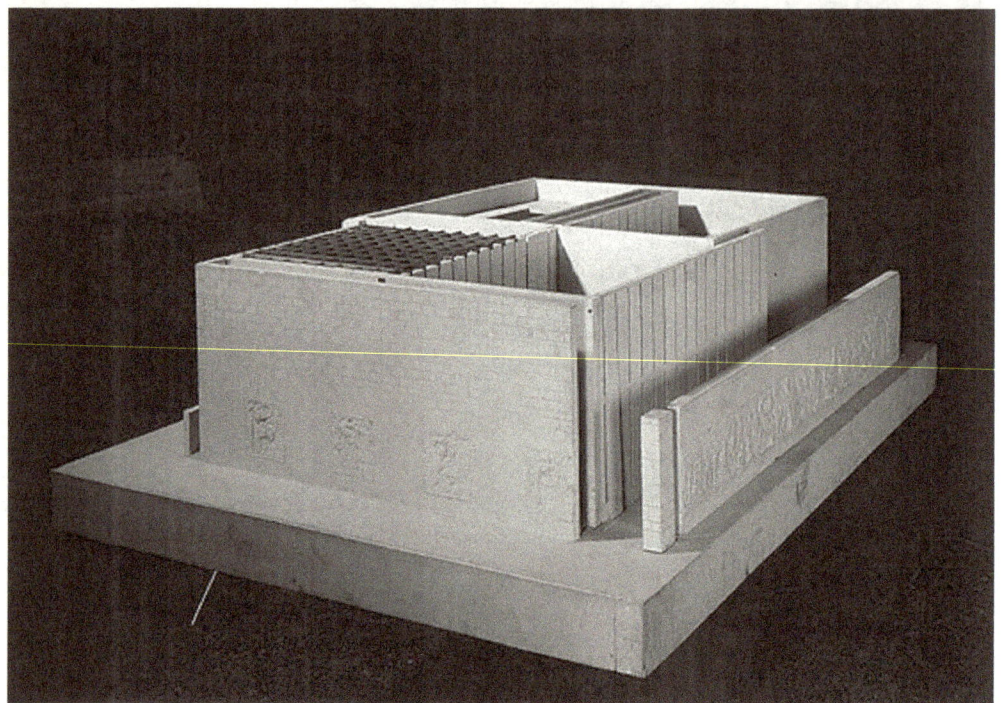

图 13-5　阿蒙神庙的百柱大厅　｜　图 13-6　百柱大厅的复原图
图 13-7　特拉尼设计的但丁纪念馆

旁白：百柱大厅现在已失去屋顶，变得较为敞亮。但在古代，它一定显得非常压抑，这种沉闷的气息并非拉美西斯二世所创，而是埃及神庙的共有特征，因为人们认为这是神灵的家，是幽谧的。在神庙最里面的圣殿里，一般供奉着一只载着法老渡过冥河的圣船。甚少有现代的设计师刻意把一个空间设计得黑洞洞的，但是特拉尼却是个例外，他希望通过建筑把他对但丁《神曲》的理解表现出来，表现出人们从黑暗走向光明的必然历程。于是乎，在底层，他用密集的水泥柱组成了一个极为压抑的柱子深林，以象征但丁在人生中所遇到的困境，这种困境随着人们的移动逐渐进入一个玻璃柱子支撑的空间，最后到达顶层的阳光平台。这是特拉尼最后的作品，它只是一个纸上的念想，还没有真正建造成功，就随着法西斯的倒台而流产。

糙和低劣，让人甚为遗憾。法老的巨像极为程式化，虽然数量很多，但好像都是从一个模子里倒出来的一样，那些表现法老功绩的浮雕和壁画构图简单，姿势生硬，比起前朝的哈特谢普苏特女王、图特摩斯三世、埃赫那顿、图坦卡蒙和赛蒂一世等法老，拉美西斯二世一朝的艺术最缺乏个性，也更因循守旧，它显示了这位法老急功近利和审美趣味平庸的一面，这也算是白璧微瑕吧。

14 永生的法门：木乃伊传奇

博物馆里的木乃伊都是黑乎乎。干巴巴的，好像来自一个噩梦。难道它们在刚被制成的时候就是这样？如果是这样的话，那么闻名遐迩的木乃伊制作术似乎也并不太高明，有一位好奇的科学家就被这个疑问折磨着，他来到埃及，准备用古法炮制出一具货真价实的木乃伊……

奥西里斯的复活

世界上所有的古老民族都对死亡有着极其虔诚的宗教情感，而埃及人尤甚，他们那些惊世骇俗的风俗习惯，莫不来源于他们对于死亡的奇特看法。关于死亡，他们和其他民族最大的分歧在于：他们认为神也会死，或者说神本来也是人，死后才具有神性。为了证实这种观点，他们创造了奥西里斯的神话。

奥西里斯是一位英明仁厚的法老，他邪恶的弟弟赛特想要篡权。在国王的生日宴会上，赛特抬着一个装饰精美的箱子，声称谁躺进去大小最为合适，箱子就送给谁，结果奥西里斯躺进去不大不小刚刚好。就在这时，赛特和他的帮凶冲过来把箱子钉死，可怜的国王成了这个死亡游戏的牺牲品，赛特也没有悬念地当上了国王。王后伊西斯深爱她的丈夫，噩耗让她悲痛欲绝，她决定出发寻找一种仙草，去救活死去的丈夫。

这个消息让赛特又惊又怕，为了杜绝后患，他残忍地肢解他哥哥的尸体，并把尸块分别扔在了不同的地方。伊西斯终于找到了仙草，却又发现丈夫的尸体不见了，她不畏艰苦地继续寻找，又把丈夫的尸块一一寻回并拼成人形，但只有生殖器没有

图 14-1　伊西斯女神
旁白：伊西斯是一个古老的埃及神，司职生育、繁殖和爱情，由于她救活了她的丈夫奥西里斯，她又被认为是一个贤惠的妻子和死者的保护神。她是一个美丽和充满母性的和善女神，埃及人民特别喜爱她，以至于对她的崇拜影响到别的民族，埃及艳后克娄巴特拉就自诩为"在世的伊西斯女神"。在中东地区，伊西斯被叫做伊士塔尔女神（战争女神），在希腊，她被叫做阿弗萝蒂德（爱与美之神）。

图 14-2　奥西里斯神
旁白：奥西里斯神是一个农业神，在埃及这个农业国家，他的地位特别崇高，每到夏季，欣欣向荣的树木和庄稼因沙漠上吹来的热风而干死，人们就认为奥西里斯死去了。他和他的弟弟赛特（沙漠和风暴之神）的王位之争其实是人类和自然界抗争的象征。奥西里斯的信仰传到希腊，被叫做狄俄尼索斯，他变成了酒神。由于奥西里斯是一个死而复生的神，人们觉得他也有让人死而复生的神秘力量。

找到，万念俱灰的伊西斯崩溃了，她趴在丈夫的尸身上大哭起来，奇怪的事情发生了，也许是伊西斯惊天动地的爱情感动了上苍，奥西里斯的灵回来了，并和伊西斯结合，让她在日后生下了两个孩子：荷鲁斯和阿努比斯，这两个孩子长大后终于为他们的父亲报仇雪恨。（图 14-1、图 14-2）

但在此时，伊西斯的使命是振作起来，她把尸块用亚麻布裹在一块定形，然后往丈夫的嘴里喂入仙草，奇迹出现了——奥西里斯醒了过来，比原来更为英俊和威严，只是他的身体变成深沉的绿色。他告诉妻子，自己已是冥界的国王，再也不能重回人间。伊西斯为了陪伴丈夫，一年中有半年时间待在地下，由于伊西斯是掌管万物生长的女神，只有当她重回人间的春天和夏天，人间才有了生气。

神仙都是木乃伊

这个古老的神话有多重含义：首先，它解释了王权的权威性，即国王无论生前死后都是国王；其次，它解释了一年四季产生的原因，但我们关注的重点在于它揭示了制作木乃伊这一奇特风俗的来源和意义。

从神话中我们得知奥西里斯由人成为神，在于他经历了由死亡到重生的历程，而埃及人认为这种重要的蜕变的关键在于伊西斯把丈夫的遗体制成了木乃伊，这诠释了制作木乃伊的重要性：人死后一旦被制成木乃伊，他就具有了某种神性。在埃及的壁画和浮雕上，我们可以得知奥西里斯复活后仍然是木乃伊，其余的神都常以木乃伊的形象示人，一个个裹得像粽子一样的神灵可能有些古怪和滑稽，但这暗示着神的家族都曾经历过由死亡迈向重生的重要过程。

虽然古希腊历史学家希罗多德没有记载哪些人死后具有被制成木乃伊的特权，但是显而易见的是，只有特权阶层享有最为专业的制做法。普通的人如果因为某些偶发事件变得神圣，比如被神兽鳄鱼咬死，他就会被认为受神眷顾，他的尸身会被制成木乃伊，同时，别人不许碰他，甚至连至亲都不可以。

如何制作木乃伊

在埃及这样炎热干燥的地方，酷热的环境经常制造出天然的干尸，这可能给聪慧的人们以制作木乃伊的灵感。人为控制肉体不朽的成功，促使人们进而产生灵魂永存的信念，从这一点看来，埃及的宗教显得充满积极的精神。现代人往往觉得制作木乃伊是一个神秘的事情，但埃及人自己并不这么认为，他们很有学术共享的精神，从不吝惜和别的民族分享自己在尸体防腐和解剖方面的先进研究成果，存世的《纸莎草卷》中有很多关于木乃伊制作方法的内容，这一切尽情地满足了其他民族对此的好奇心。

第一位系统介绍埃及人木乃伊制作术的人是古希腊的史学之父希罗多德，他的记述十分详细，他告知我们：在埃及制作木乃伊已经成为一个成熟的产业，当尸体送到他们那儿的时候，他们会把一个描画得极为逼真的尸身模型给死者的家属观看，然后告知家属有好中差三种制作木乃伊的方法，价格不等，由家属根据自己的经济条件自行选择。

第一种木乃伊制作方法最为经典和完美。制作木乃伊的匠人首先用铁钩从死者鼻孔中把一部分脑子掏出来，把一些药料注入脑子去溶解其余部分，然后让所有溶解的脑浆从死者耳朵流出来，因为脑浆是最容易腐败的东西。然后，他们用磨得锋利的埃塞俄比亚石刀在死者腹部的侧面切开一个口子，把内脏全部取出来，把腹部用椰子酒和捣碎的香料加以冲洗，用捣碎的乳香、没药和桂皮填充在肚子里（有生活经验的人会觉得这和腌肉的方式非常相似，尤其是使用了酒、香料和盐这样的天然防腐剂对尸体脱水的做法），再把尸身缝合。掏出的内脏分别放在四个小罐子里，罐子的盖分别是豺狗、鹰、狒狒和人，它们象征大神荷鲁斯的四个儿子，有神保管着死者的器官应当十分令人放心。做完这一步，这个尸身要在硝石中搁置70天，这个时间控制得非常严格。这一天到了，他们就洗净这个尸体，并把尸身从头到脚用细麻布绷带密密地包裹，外面再涂上一层树胶密封，这就是木乃伊（mummy）之名的来源，因为古代波斯人就把树胶称为"mummy"，他们把这个精心制作的"标本"还给死者的亲属，亲属们把木乃伊放入人形的棺椁，再将棺椁放入墓室，靠墙竖放。木乃伊的制作虽然出于宗教的目的，但是制作的手法和流程却是科学和严谨的，甚至是唯物主义的。比如最易腐烂的脑子就被理性地最先去除，不知埃及人的

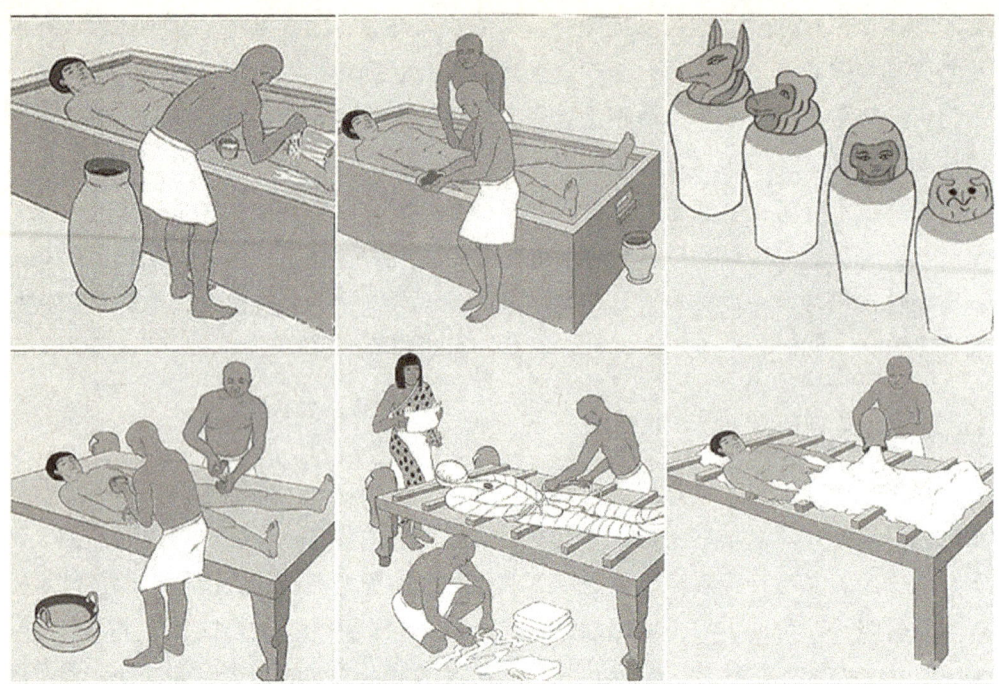

图 14-3　木乃伊制作流程简图
旁白：木乃伊的制作源于宗教，但却促进了医学和药剂学的进步。希罗多德指出，埃及人普遍比周围其他民族要健康许多，他们一个月要服用泻药三天，还经常灌肠，把腹中的毒素清除出来，男性把头剃光让身体得到阳光的充分照射，这样可以促进钙的吸收，因此埃及人的头盖骨特别坚硬，也很少有缺钙的人。同时他们烹调食物的方式很简单，鱼和禽类都是腌了生吃，用简单质朴的生活方式保持身体的活力和健康。

宗教如何解释："一个没脑子的人如何能够复活呢（图14-3）"。

如果你够坚强，没有被上述文字弄得恶心，还可以了解一下第二种木乃伊制作方法：制作木乃伊的匠人先将注射器注满杉树油，再由尸体的肛门部位把杉树油注入其腹部，并把肛门堵上以防杉树油溢出。然后，把尸体埋在硝石堆中达70天，时候到了，他们打开塞子让杉树油和被杉树油溶解的内脏和肠子流掉，这样尸体只剩皮和骨了。这一种办法比第一种要便宜很多，但第三种办法才最为廉价。就是把尸体腹部清洗一下，然后放在硝石中70天就可以了。大人物的妻子和美丽的妇女死了之后要放置几天等尸体微微发臭才送到工匠那儿，以防尸体受到猥亵。

在古王国的晚期，埃及金融紧缩，能够定制这种精心制作的木乃伊被视为具有一定经济实力的标志，木乃伊本身也被视为珍贵的不动产，因此产生一条让人啼笑皆非的法律：一个人借债时可以用他父亲的木乃伊作为抵押。同时，对于死亡的重视也带来了对于生的希望，古埃及人在制作木乃伊的悠久历史中逐渐掌握了高超的医学和解剖学技术，掌握了药物合成和防腐技术，这一切使得古代埃及的医学水平远远领先于周围的民族（图14-4、图14-5）。

图 14-4 阿努比斯制作木乃伊 ｜ 图 14-5 伊姆荷太普召唤亡灵

旁白：木乃伊的制作衍生了相当多的神话，由于在荒野中人的尸体常常为野狗所食，于是野狗也成为超度死者的神灵，名为阿努比斯，和太阳之神荷鲁斯是兄弟，据说就是他在指导着人们正确地制作木乃伊。同时，解剖尸体的习俗使得医学变得发达。一个古王国时期的医生伊姆荷太普，由于医术高超被奉为神灵，为后代的埃及人所敬仰供奉。这一点被善于改造各国神话的好莱坞所借用，拍出了广受大家喜爱的电影《木乃伊》系列，其中亦正亦邪，为情所困的男主角就是神话中的伊姆荷太普，他不仅是医生，也是宰相、大祭司、建筑师，这是和史实符合的。

再造木乃伊

存世的木乃伊十分干瘪，颜色漆黑，给人以丑陋和惊悚的感觉，这给埃及人神奇的防腐技术带来负面影响，人们不禁猜测，木乃伊骷髅般的尊容是几千年的时光使然还是当它刚刚制成就是这样呢？有位美国的历史学家带着这样的疑问来到埃及，他决定用埃及古代纸草上记载的土法炮制一具木乃伊。

他使用的是最经典也是最复杂的第一种方法，当他去买材料的时候，他发现制作木乃伊的药材（棕榈酒、没药、乳香等）十分常见，在埃及的菜市场能够一一购齐，除此之外，他还要大量的白色泡碱，这种东西他在开罗郊区的盐碱地上挖到了很多。当他把尸体和材料运回美国，在实验室将木乃伊制作完毕，接着把实验室的温度和湿度控制得和埃及一模一样，就离开了，70天后，他回到实验室，拨开泡碱一看，差一点没把他的魂给吓出来：木乃伊张嘴吐舌，鸡爪一样的双手伸向他，仿佛要抓住什么，和古埃及那些安详的木乃伊简直判若两"人"！他急忙查书看看哪里出错了——原来，尸体在被泡碱脱水时肌肉会产生拉伸，形同僵尸，十分吓人，必须在尸体未完全僵硬时，把四肢固定为睡眠的姿势。除此之外，他的木乃伊制作倒是很成功，也解答了现代人的问题，就是木乃伊在制作完成时就是那副干瘪吓人的造型，在几千年的时光中，它们几乎没有太大改变。这段记载于美国探索频道（Discovery Channel）的故事不但证实了木乃伊制作技术的确十分高明，同时也证明了埃及人对于木乃伊制造方式详尽而精准的记述，使人们可以完全放心地按图索骥，完成任务。

图 14-6 木乃伊系列·佛逝（油画，曹昊作）

旁白：千百年过去，木乃伊不再仅仅是一种风俗习惯，它作为一种文化现象，持久地受到人们的关注、好奇甚至迷恋。艺术家们钟爱木乃伊裹着尸布的神秘形象，把它和现代社会发生着的形形色色的现象结合起来，表达了人类内心的忧愁和恐惧，使古老的埃及文化传达出鲜活的后现代色彩。

宴会上的木乃伊

埃及人并未因为相信来世和复活就看轻现世，灵魂的永生和来世的幸福似乎也没有给以他们太多的安慰，同别的民族一样，他们哀叹人生苦短，在这短暂的人生中又有那么多的哀愁……根据希罗多德的记述，在埃及人的宴会上，酒过三巡，意兴阑珊之际，主人会拿着一个描绘非常精致逼真的木乃伊和棺椁模型给客人观看，劝酒道："尽情喝吧，等你成了这个样子就喝不成了"，此情此景，让人唏嘘，埃及人的一生就这样交织着生与死，醒和醉（图 14-6）。

15 太阳的礼赞：埃赫那顿时期的艺术

埃赫那顿是埃及新王国第十八王朝的法老，他不仅打败了在埃及称霸了几千年的祭司集团，创造性地提出了比传统宗教更为先进的一神教，还引导了更具魅力的艺术和诗歌风格的产生。但最让人疑惑的是：堂堂的法老看起来竟像个男生女相的"阴阳人"！这是画匠吃错药了还是法老自己的意思呢？作为法老，把自己画得帅一些，对得起观众难道不是更好？

古怪的孩子

阿蒙霍特普小时候就不是一个漂亮的孩子，他的头颅很狭长，好像被产钳拉了一下一样；身材也有点问题，四肢很细瘦，但肚子却高高鼓起。虽然贵为王子，锦衣玉食，他却像一个吃不饱的穷孩子一样，显示出发育不良的样子。现在的考古学家认为这是王室近亲结婚造成的苦果，但他的哥哥图特摩斯却是个人见人爱的英俊青年。以貌取人似乎是人类的通病，他怪异的相貌被迷信地认为是不受神灵青睐的结果，再加上他又不是王位继承人，就更不受王室家族的重视。因此在每年祭神的仪式上，他都被冷落，远不如其他王室成员那样光彩夺目。

阿蒙霍特普是一个敏感脆弱的人，这一切深深地伤害了他，他的性情逐渐变得和他的形象一样扭曲和冷漠，他仇恨所有冷落他的人，甚至是神。可是有一天，他那不受重视的生活被终止了，这个长期生活在阴影中的孩子忽然被推到了光辉夺目的前台：他被宣布成为王位继承人！因为他那漂亮的哥哥图特摩斯病死了。不仅如此，由于他的爸爸，老法老阿蒙霍特普三世年老体衰，他被要求和他的爸爸一起治理朝政。

骄傲的祭司

在新王国时期，法老的权力和地位已大不如前。老法老阿蒙霍特普三世是一个性格随和的人，但是这不是一个强大的王者应有的个性，为了巩固他的政权，他宣称自己是太阳神阿蒙的后代，并试图证明太阳神曾经下凡和他的母亲欢爱。但解释这类神秘宗教事件的人是太阳神阿蒙的祭司而不是法老，因此王室的统治权是否正统合法这一话语权逐渐掌握到了这些神灵的祭司手里。人们传说阿蒙霍特普三世正是借助了阿蒙祭司的势力才上了台。总之，法老的权力被稀释，高傲的祭司简直咄咄逼人，法老却只有忍气吞声。

首都底比斯的阿蒙祭司们势力十分强大，这让年轻的王子感到如坐针毡。他们凭什么这么嚣张？就凭他们是太阳神阿蒙的祭司？那个阿蒙其实就是底比斯的地方小神，什么时候摇身一变成了太阳神？阿蒙身份这么可疑，凭什么要崇拜他？我们都知道埃及人对于宗教十分虔诚，这也就是为何祭司的地位如此崇高，但为什么年轻的王子却敢于质疑神灵的权威呢？人们猜测，这是由于他小时候容貌丑陋，所以很少参加太阳神阿蒙祭典的缘故。由于不受阿蒙和诸神的庇佑，所以他在心里也并不敬畏这些神，更不惧怕服侍那些神的祭司们。他心想，没有这些神灵的庇佑，我不也照样成了未来的法老？

他的父亲终日和底比斯的祭司集团明争暗斗，身心疲惫。现在他看着辅政的儿子日渐成熟，就让位给他。丑小鸭变成了白天鹅，他是法老了，叫做阿蒙霍特普四世。

阿蒙霍特普四世不信阿蒙，但不代表他不信神，事实上，这个敏感孤独的青年在内心中比谁都渴望得到神灵的抚慰，也确实有那么一个神，在阿蒙霍特普四世被亲人异样的眼光所伤害而感到孤苦无助的时候，在他被那些剃着光头，脑满肠肥的阿蒙神祭司嘲笑的时候，总是用温暖和煦的大手抚摸着他，激励着他，要他勇敢地去迎接明天。这个神就是天上的太阳，确切地说，就是那个明晃晃的大火球。当别的王子穿得漂漂亮亮去参加敬神的仪式时，皇宫里空空荡荡，只有太阳一如既往地陪着他，照着他孤独的身影。

他深信就是这个太阳辅助他当上了法老，他是太阳神之子。现在这个太阳还要帮助他打败那些不学无术又目空一切的祭司们！他知道太阳神的神秘名字叫阿顿，既不叫"拉"，更不叫"阿蒙"。为什么叫阿顿呢？要知道，埃及的太阳神有许多名字，以解释太阳在不同时间段的变化。它的大名叫拉，在黎明时叫恺布利，和阿蒙神合而为一叫"阿蒙－拉"，太阳的光芒叫贝斯特，而阿顿这个古老而又有些非主流的神象征着太阳的可视形象——金色的圆盘。敏锐的法老认为太阳神就是这个可以见到的真实神灵——阿顿。

现在要把这个事实公布于众了！世间只有一个真神，就是阿顿！阿蒙你这个假太阳神，我要让你和你那些祭司们滚出神殿！还有那些公羊、老鹰、苍鹭、母牛和黑猫们幻化的神，你们作为阿蒙的帮凶，也一样要滚蛋！年轻的法老咬牙切齿地在心里说道。

辉煌的新都

但是神在人间的代理可不是吃素的,他们作为一个特权阶层在埃及已经享受了几千年的优待,祭司这个职业可以说和法老一样古老。现在想要他们卷起铺盖走人,这似乎太难了,但是县官不如现管,阿蒙和其他古老神灵的庙宇——被心如铁石的法老强力关闭,僧侣们的"铁饭碗"也丢了。底比斯的祭司集团是一个树大根深的组织,表面上的清除很容易,但想要把他们连根拔起就非常困难。失势的祭司们开始试图煽动人民暴乱,因为神庙被关闭,虔诚的人们没有地方祈祷,要知道对于神的信仰在当时的埃及也已有几千年的历史,关于神的故事人们娓娓道来,就如同说起自己亲戚的事情一样。希罗多德曾说过:"世间最为强大的东西就是习俗",现在这个习俗被宣布非法,难免让人茫然失措。

法老深知这个道理,他也知道阿蒙神的信仰如此根深蒂固,乃是因为阿蒙不仅是太阳神,更是在底比斯被信仰了几千年的地方神,如果换个地方,人民就没有这样大的抵触感,推行起太阳神阿顿的一神崇拜会比较容易一些。法老即位后的第三年,他就在中埃及找到了离古代的赫尔摩波利斯不远,横跨尼罗河两岸的一块地方,准备作为他的新都。在河的东岸和西岸他竖立了界石,并把庙宇和宫殿以及新的政府衙署都建筑在河的东岸。这个地方我们今天称为泰尔埃尔阿马那。只用了三年时间,辉煌的新都就落成了(图15-1、图15-2)。

新都被命名为"埃赫塔吞",意思是"阿顿神德泽所被之地"。法老自己的名字也改成了埃赫那顿,意思是"阿顿光辉的灵魂"。他把他的家眷与朝臣都迁居到了新的都城。

值得一提的是,在这段时间内,法老找到了自己的真爱,一个具有米坦尼(西亚古国)人血统的女孩,名叫奈菲尔提提,她的名字如果翻译得俏皮一些,就是"对面来了个美女"。这位混血皇后的确非常美丽,现在保存在柏林国家博物馆的一尊

图15-1 埃赫塔吞宫殿遗址1 | 图15-2 埃赫塔吞宫殿遗址2

旁白:埃赫塔吞现名阿玛尔纳,是一个距底比斯300千米的小地方,横跨尼罗河两岸,埃赫那顿也许就是看中了它的偏僻和荒凉,可以远离底比斯的祭司势力。他的新都只用了三年就大功告成,应当建得相当仓促。从遗址来看,宫殿都是些夯土和泥砖所砌筑,施工快捷但不耐风雨,后来遭受了政治报复,如今只有一些埋在黄沙下的墙基和几根保存较好的砂岩纸草束茎式大柱竖立。

第三部分 信仰的力量

图 15-3 埃赫那顿法老像
旁白：戴着蓝冠的埃赫那顿看起来显得年轻英俊，是人们认为较为接近法老原貌的一尊塑像，那时的法老似乎还是个青涩纯洁的少年，未被权力角逐和政治倾轧扭曲了灵魂。这尊优美而逼真的雕像现藏于开罗博物馆，曾一度在暴乱中遗失，现已找回。

图 15-4 纳菲尔提提皇后像
旁白：奈菲尔提提皇后像以石灰岩与灰泥雕塑而成，并施以彩绘，是公元前1345年由雕刻家图特摩斯所创作。雕像是1912年由德国考古学家路德维希·波尔哈特率领的德国考古队在埃及阿玛纳的图特摩斯工作室发现的，它是古埃及艺术达到某种登峰造极的境界的象征。皇后消瘦而轮廓分明的面庞已不年轻，然而却展现出成熟女性的沉静和淡定，她那修长的颈项似乎透露出她的高贵出身。人们通过现代扫描技术发现，雕像的石灰岩内核也是一尊手法成熟的皇后雕像，只是皇后的颧骨没有这样高，但法令纹却更深，看来艺术家修饰了岁月对于这位美女的摧残，并强化了她的某些特征。

生动的塑像证明了这一点。除此之外，她也非常聪慧和贤能，法老一开始简直被她迷倒了，奈菲尔提提也被法老的诗人气质和热情所吸引，他们热恋着对方，在政事之余，他们一起携手，像世间所有的情侣一样漫步在御花园中，倾听鸟叫，采摘荷花，一时间，纷纷扰扰都烟消云散了，这世界变得宁静而美好（图15-3、图15-4）。

奇特的嗜好

但是身外的大世界并非这样宁静，事实上是非常糟糕。小亚细亚已经崛起了一个可怕的民族：赫梯。它那野心勃勃的国王苏庇路里乌玛一世率领铁骑横扫近东和西亚地区，埃及的盟国米坦尼和位于叙利亚的藩属统统落入他的囊中。这些藩属和友邦在遇到赫梯的威胁时，曾经苦苦哀求他们的老大哥埃及伸出援手，但是法老埃赫那顿置之不理，以至于这些焦急的使者在都城中住了两年还不能够见到法老。法老对于友邦的冷漠无情不仅使埃及这个老大的威望急速下降，而且使埃及帝国开始由盛转衰。

人们不仅产生疑问，法老如此对待他的友邦，其目的在于哪里呢？其结果是让人失望的，埃赫那顿在即位初期推行宗教改革的大刀阔斧，巩固政权所体现的远见卓识，以及毅然迁都的创业精神，此时都被另一种奇怪的嗜好所代替。当巍峨的都城已然呈现在地平线，人们正翘首以待雄才大略的法老去治理这个崭新的国度的时候，法老却错误地以为自己的任务已经完成，再没有人可以威胁和动摇到他的王位，他可以安安心心地做一些自己喜欢的工作了。

说起法老的这个嗜好，倒也并不稀奇，就是写诗，许多统治者都是文艺的爱好者，但是他们没有为此荒废国事，可是埃赫那顿竟然把全部的时间都用来写诗，甚至到了足不出户的地步，用现在的话说，他成了一个不折不扣的"宅男"。在他宅在深宫的时候，考古学家猜测，是他的皇后和亲信大臣代他摄政，国事还算没有完全荒废。

法老的诗歌并不是普通的诗歌，而是奉献给太阳神阿顿的颂诗，这些颂诗的确达到了很高的艺术水准，人们甚至认为希伯来人那些脍炙人口的颂诗都受到了这些诗歌的影响，现摘录一段让读者体会一下：

在天涯出现了您美丽的形象 / 您这活的阿顿神，生命的开始呀 / 当您从东方的天边升起时 / 您将您的美丽普施于大地 / 您是这样的仁慈，这样的闪耀 / 您高高地在大地之上 / 您的光芒环绕大地行走 / 走到您所创造的一切的尽头 / 您是"拉"神，您到达一切的尽头 / 您使一切为您的爱子服役。

虽然这些诗歌非常美好，但我们仍然很难相信，法老作诗的狂热仅仅是出于对文艺的爱好。这种行为一定和之前的罢黜旧教，迁址新都都有着逻辑上的关系。从理性的角度来看，一种新的宗教想要站稳脚跟，取代古老的宗教并深入人心的话，不仅仅是靠关闭别的神庙来完成，因为那样只是"破"，却还没有"立"起来。它要有丰富的理论和教义的支撑，更何况这个新的宗教是法老权威性的唯一支撑，法老还必须身体力行，体现出对于新教的强烈崇拜和信仰，以巩固新教的根基并对教众做出表率。从这个角度来看，法老关起门来写诗的事情就不显得那样怪诞和轻率了，因为他通过颂诗的撰写阐明阿顿一神教的教义，而他自己就是太阳神阿顿的大祭司，这样一来，他就完全把神圣的宗教解释权牢牢地抓在自己手里，他第一次实现了宗教领袖和政治领袖的合一，在此之前，还没有哪一个法老办到了这一件事呢。正因为这个原因，后世的历史学家把埃赫那顿的宗教改革视为埃及历史上的一次重大事件。埃赫那顿明白，宗教的征服，在于对于人心的征服；人心的征服，在于教化。而教化的推行，有赖于富于表现力的文化和艺术，而不是锋利的刀剑和冷酷的律法。当后代的人们认为埃赫那顿具有艺术细胞但缺乏政治头脑时，这显然是可笑而肤浅的指责，恰恰相反，他非常高明地把他的政治意图不露痕迹地融入了那恰似怪诞和消极的写诗行为中去了。

宁静的幸福

写诗只是法老日常生活的一部分，另一件重要的事就是和皇后常常去祭祀天上的"父"——太阳神阿顿。新都的人民应当还记得，埃赫那顿和美丽的妻子各坐一

第三部分　信仰的力量

图15-5　法老一家祭祀太阳神
旁白：法老一家祭祀太阳神阿顿的主题浮雕在阿玛纳的废墟中数量不少，也是较为程式化的艺术题材，和以往艺术不同的就在于其对太阳的表现是一个伸出万千个小手的大圆球，这种样式到他的继任者图坦卡蒙去世时还保留着。

图15-6　法老的两位小公主
旁白：法老对于自己的女儿非常宠爱，从这些生动的壁画中可以看到，女孩子们已经隆起了小小的乳房，到了青春期，还像个野孩子一样光着屁股到处游玩，她们纤细的身材被艺术家描绘得非常生动自然，一般认为这是法老的大女儿和二女儿。令人震惊的是，法老和妻子离异后和自己的大女儿罪恶地结合了。

架战车，神采飞扬地驰骋在埃赫塔吞新铺砌的光洁大道上，衣甲鲜明的侍卫和美艳如花的宫女前呼后拥，如此赏心悦目的太平盛景，常常引得观者如织，万人空巷（图15-5）。

在阿玛纳的废墟中所发现的法老家族祭祀太阳神阿顿的浮雕比比皆是，在画面上，太阳神表现为一个陷地深刻的圆球，伸出无数只放射状的手臂去抚摸着法老家族。当别的法老迷恋于在石头上雕刻攻城略地和横扫敌军的军事题材时，这位法老再一次显示出他的"宅男"天性，他价值观的核心显然是和他的家人待在一起，共享天伦，他也乐于展示他的"模范家庭"，并不以此为怪、为耻。多亏了他的开放和开明，现代人才得以"八卦"一番，因为考古挖掘几乎显示了法老全部的私生活。

在法老的宫廷里，我们可以看到几个活泼的，被晒得黑黑的小公主，剃着光头，光着屁股跑来跑去，有时候她们又静静地坐在宫殿的台阶上，大嚼美味的烤乳鸽，从她们一丝不挂的样子和放松的神态就可以猜到她们的爸爸把她们惯得太不像样子啦。有时候场景是阳光普照的御花园，法老和皇后穿着便装，舒服地坐在轻巧的矮凳上，法老抱着他的大女儿正在亲吻，而小女儿坐在妈妈的腿上指着爸爸，好像在说："爸爸为什么不亲我（图15-6至图15-8）？"。

法老的幸福生活虽如此大白于天下，但仍有重重疑团隐藏在画面的背后，人们最感兴趣的就是：法老的样子太奇怪啦！狭长的头，女人般的身体，有着突出的胸部，细细的腰，肥硕的大腿和凸起的肚子，除了面部的不同，他和他妻子的身材几乎一模一样。人们认为法老得了一种荷尔蒙分泌紊乱的疾病，但也有人质疑：法老完全

图 15-7　法老和皇后双人像　｜　图 15-8　法老和皇后在御花园里

旁白：表现法老的爱情和家庭生活的作品在阿玛纳时期中比比皆是，左图中法老和妻子手牵手，尚显稚嫩的脸上神情默契，俨然一对小情侣在轧马路时的情形，如此秀恩爱，不怕老天嫉妒吗？右图也是一件体现法老快乐家庭生活的典型作品，法老和皇后在花园中相对而坐，看似对称的构图中却体现出一种灵动。首先，夫妇俩抱孩子的姿势十分不同，孩子们之间也有呼应，法老和妻子的衣裙都是轻薄的纱衣，但是褶皱的方向却有不同，这些细微的变化赋予作品细腻的视觉享受。有趣的是，法老和皇后帽子后的飘带分别向画面的两个方向飘去，也给画面增加了超现实的色彩。

有权力让画师隐藏他的缺陷，把他塑造得更正常和英俊一些。而且，在一些早期的雕像中，我们看到的法老是一个正常的青年，毫无后来的奇怪模样。因此，也有人认为法老把自己的奇怪模样当做了被神所宠爱的特殊标识，进行了有意识的夸张。

阿玛纳废墟中的埃赫那顿一朝所创的艺术样式被称为"阿玛纳艺术风格"。和埃及那些让人审美疲劳的古老艺术相比，这种艺术可谓让人眼前一亮，它的特色首先表现在题材的选择上，宗教祭祀和日常行乐代替了传统的战争和神话题材；其次，风格化代替了程式化，也就是说，艺术家在追求一种独特的艺术风格来体现自己的审美趣味，并显示出对于以往艺术样式的超越和革新。这种艺术在某种程度上超越了人们熟知的视觉经验，从而产生怪异感和陌生感，但正是这些形式和造型的变化触及到人类的一种天性——猎奇，它满足了人们对于超自然事物的好奇心，使人们获得了体验的满足感。最后，阿玛纳艺术体现出更多的对于美的追求，这种美带着那么一些冷艳，以抒情诗般的笔调自然地表达出来。因此，人们不能片面地认为这种艺术是怪异的，恰恰相反，它带有自然、抒情、唯美甚至伤感的情调。

可以肯定，这种艺术一定是在法老的授意下完成的，这种崭新艺术的产生同样出于宗教的目的，比古老作品更为鲜活和生动的人像让法老自创的新教显得亲近随和，不那么严厉和古板。当然，从这些优秀的作品中，也可以窥见法老的艺术趣味一定卓尔不凡，至少超越了历史上的其他法老。

法老和皇后曾经十分相爱，奈菲尔提提 11 岁就嫁给了法老，他们一共哺育了

第三部分　信仰的力量

六个可爱的女儿，但是不知是什么原因，后来他们的感情产生了重大的隔阂，法老由爱生恨，奈菲尔提提的名字被情绪化地从宫殿的墙壁上刮去，她的雕像也有一些被毁掉了。人们对这对昔日的恩爱夫妻的离异感到无比的惋惜，同时也在不停地猜测：皇后到哪里了呢？是回到了旧都底比斯，还是被流放？这是又一个谜，但有一点可以肯定，婚变后又过了几年，法老去世了，享年约在45岁时。皇后在法老亡故之后，还摄政了一段时间，最后把王位传给了图坦卡蒙，这个王位继承人只有11岁，有人说是她的儿子，也有人说是她的女婿。

再后来呢？再后来皇后也死了，图坦卡蒙在保守势力的胁迫下迁都回到了底比斯，埃赫那顿的时代成为一段心酸的回忆，而埃赫塔吞，这曾经辉煌的太阳之城则湮没在黄沙之中。但是废墟中那美丽皇后和古怪法老手牵着手的甜蜜模样，还真切地述说着那一段曾经的风华绝代的爱情和那平静的尘土下不平静的长眠。

| 第四部分 |

风俗和掌故

16 野兽之家：斗兽的历史

17 罪恶与仇恨：犹太人的原罪说

18 战斗的人生：希腊人的战争艺术

19 英雄的幸福：希腊人的英雄观

20 与子同袍：希腊人的男风习俗

16 野兽之家：斗兽的历史

人类和动物的交流，最早是以捕杀的方式开始的，能够力战、擒获野兽的人被尊为英雄，在这种精神的鼓励之下，斗兽这种自卫和谋生的技能竟被尊为时尚，并在罗马帝国盛期发展为残忍和靡费金钱的娱乐。斗兽的习俗对于人类文明曾产生极大的影响，它启发人们的想象力和创作冲动，并由此诞生了大量以斗兽为题材的神话、诗歌、艺术和建筑杰作。

征战如猎

人类历史的初期，充满着与大自然斗争的艰险，在人们的眼中，最为可怕的是无法抗拒的自然现象所带来的灾害，电闪雷鸣、洪水旱魃被神话为喜怒无常的可怕神灵，甚至日月盈亏这样无害的天象都会吓到因为迷信而神经兮兮的古人。除了自然现象，另一种危害人类的则是凶猛庞大的野兽。所以，古人用"洪水猛兽"来形容大自然的凶猛无情。

人们尊那些懂得避开自然灾害的人为圣人，敬那些战胜猛兽的人为英雄。而后者更由于他们惊心动魄的英勇行为受到人们的啧啧赞叹，并化为千古美谈（图16-1、图16-2）。但在那些历史悠久的古国（古埃及、古印度等）中，我们很少在文献中看到国王捕猎猛兽的记载，那是因为古埃及人总是把神灵和动物联系在一块，鹞鹰是天神荷鲁斯的象征，狮子也常常作为法老的化身；而古印度人把牛作为大神湿婆的坐骑，金翅鸟（老鹰）作为保护神毗湿奴的坐骑。人和动物的关系是如此和谐，那就很少会有炫耀屠戮和捕杀动物的行为了。

目前，最早看到的人和猛兽相斗的故事出现在一些两河流域的民族，苏美尔人

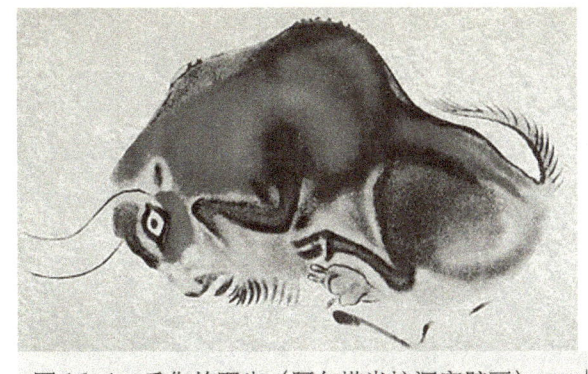 

图 16-1 受伤的野牛（阿尔塔米拉洞窟壁画） | 图 16-2 西班牙斗牛

旁白：可以不夸张地说，人类艺术早期的精品，无一例外地与动物有着莫大的关系，不仅仅因为动物矫健美丽的造型充满美学色彩，同时，和动物相斗并取得胜利是人类战胜自然，获得英雄主义情感的第一步。左图中的受伤的野牛，身体弯曲，宛如一座山峰，显示了原始人对于动物动态的精准描绘，也由此可以得出结论：动物，尤其是受伤或是处于激烈动态中的动物，是激发创作欲的绝佳物象。作为这种精神的遗存，西班牙斗牛可谓把英雄主义美学发挥到了极致。

在他们的史诗中赞扬了英雄吉尔伽美什和他的朋友恩启都的英勇行为，他们杀死了住在松树林中的吐火怪兽芬巴巴和愤怒的女神派遣下来的巨大公牛。与这些荒诞故事相配套的是一些图画：长着胡须的英雄用他强有力的胳膊扼着两头雄牛，呈现出一种非常对称的画面。奇怪的是，无论是英雄还是牛，脸上都浮现出神秘的微笑。透过和野兽相搏斗的传说，我们感受到人和野兽较量，并最终驯化它们的行为。神秘的微笑正体现出搏斗之后，人和兽化敌为友的放松和愉快。

这种"一个人扼着两个兽"的图像模式在其后的漫长时间里流布于世界各地，从巴比伦的印章到埃特鲁斯坎人的琥珀饰品都烙印着这种痕迹（图 16-3、图 16-4）。但把斗兽和狩猎游戏发展成一种更具感染力的事业的是亚述人，这个好战民族的心中完全没有对于自然的敬畏和忌惮，他们通过战争取得了两河流域的大部分领土，在闲暇时光，国王就带着自己的朝臣和近卫军去捕杀狮子。和苏美尔人强调人和野兽之间神秘的制衡观点不同，亚述人强调的是成王败寇的思想：数头狮子凶猛地扑向势单力孤的国王，有些狮子已经攀登在马车的边缘，但是神色镇定的国王拈弓搭箭，百发百中，雄狮们应声倒地，鲜血飞溅。历史学家考证，这些刻在王宫石质护墙板上的生动浮雕，并非艺术的虚构，而是血淋淋的事实，国王通过猎狮来显示自己的孔武有力。这种以华美的石雕艺术体现的隐性宣传已成为亚述人高明的外交策略，常常使得那些受邀观看这些狩猎图的周边民族魂飞魄散，不战而降（图 16-5、图 16-6）。

英雄情结

和亚述人通过斗兽来恐吓其他民族不同，希腊人则通过和野兽搏斗来塑造一种个人英雄主义。希腊最为著名的大英雄赫拉克勒斯完成了 12 件大功，其中第一件

第四部分 风俗和掌故

图 16-3　狮子扑牛（波斯波利斯王宫装饰浮雕）　　图 16-4　英雄扼双兽（埃特鲁斯坎艺术）

旁白：两图显示了西方文明早期两种最为基本的斗兽图式：左图是古波斯阿契美尼德王朝的首都波斯波利斯王宫中的石质装饰浮雕，表现了一只骁勇的雄狮扑向一只公牛的精彩瞬间。狮子按住牛臀，迫不及待地吞噬起美味的牛肉，而剧烈的疼痛使强壮的公牛扬身而起，回首奋蹄，眼神中充满惊惧和愤怒，这种"野兽扑食"的图像模式来源于亚述艺术，以及更早的巴比伦艺术。右图是生活在亚平宁半岛上的埃特鲁斯坎人的琥珀佩件"人扼双兽"，人和动物抱成一团，神情安详，形态宁静，是另一种斗兽图式，和那些充满暴力色彩的艺术形成鲜明的对照。专家们一致认为这种图式来源于生活在两河流域的苏美尔人及其后人创造的艺术样式，至于这种艺术风格何时跨域重洋来到欧洲，却是一个说不清楚的事情。

图 16-5　国王猎狮（亚述雕塑）　　图 16-6　受伤的雄狮

旁白：亚述人猎狮的雕塑是两河流域最为宝贵的文化遗产之一，其中对于猛兽动态、神情和肌肉的表现尤为出色，人们认为他们对猛兽肌肉的表现甚至启发了希腊人的人体艺术。但亚述艺术真正伟大之处在于他们不仅仅刻画了国王猎狮的场景，更昭示了英雄的悲剧，从而具备一种宏大而深刻的情感。这种悲剧，不是来自于人，而是来自那些不愿向命运屈服的兽王，它们中箭倒地，鲜血飞溅，发出深沉而愤怒的吼叫，其艺术感染力冲破顽石，令观者动心动容。

就是杀死了一头刀枪不入的猛狮。这头巨兽生活在伯罗奔尼撒半岛的大森林里，凶悍无比，赫拉克勒斯杀死了它，用它的利爪划破了它的皮，终于把狮皮剥了下来。后来，他用这张奇异的狮皮缝制了一件盔甲，还做了一只新头盔。从此，我们看到的赫拉克勒斯总是身披狮皮、手持大棍的模样。除此之外，他杀死了大蛇许德拉，生擒了刻律涅亚山上金角铜蹄的牝鹿，射杀了斯廷法罗斯湖畔的怪鸟，又活捉了厄律曼托斯的大野猪，把它完好地带回给国王（图16-7）。

由于希腊半岛上是没有狮子的，所以在这些故事中，名气最大的捕杀密阿巨狮尼麦拉的故事是最为可疑的。为了解释这件怪事，人们传说这头狮子是从月亮上掉到地上来的。而历史学家希罗多德的叙述似乎一劳永逸地解释了赫拉克勒斯和狮子的来源，他认为赫拉克勒斯来自盛产狮子的埃及，是一位非常古老的神祇。

不可否认，在所有关于捕杀动物的故事中，希腊人和野兽搏斗的故事是最具有正义感的，智勇双全的英雄和猛兽搏斗，不是炫耀武力，不为扬名立万，更不是把杀戮作为无聊的娱乐，而是为民除害，造福国家。难怪后世的人们这样热衷于模仿赫拉克勒斯，其中一个最著名的例子就是马其顿的亚历山大大帝，这位君王自称是赫拉克勒斯的后代，并且在生活中处处模仿他。他常常戴着用真狮子头剥制的头盔，手持狼牙棒，骄傲地想象自己正是那位著名的英雄。亚历山大如此地喜爱赫拉克勒斯，以至于人们常常借助赫拉克勒斯来讨好这位年轻的君主。古罗马建筑师维特鲁威就记载了这样一个有趣的故事：马其顿建筑师狄罗科拉特斯希望自己的才能被君主赏识，可是皇帝身边的人老是借故拖延他和皇帝见面的时间，于是这位建筑师把自己打扮成赫拉克勒斯的样子，手持大棍，身裹狮皮，跑到皇帝面前毛遂自荐，他的这副模样得到了皇帝的喜爱。

亚历山大学习先贤之心如此迫切，当东方的总督送给亚历山大两头真狮子时，他非常高兴，迫不及待地令人打开铁笼，并在笼子打开的刹那间迅速冲上去，当狮子还在晕头转向的时候就制服了它，赢得了围观朝臣的一阵惊叫。但是，如果人们剥夺了皇帝逞能的机会，他会非常不悦，阿里安就记载过：在亚历山大还小的时候，一次打猎，一头野猪向亚历山大冲过来，他的伴友赫莫劳斯为了保卫国王，一枪刺死野猪，没想到他忠诚护主却让亚历山大大为光火，当着许多小伙伴的面把这位赫莫劳斯痛打了一顿，并牵走了他的马（牵走别人的马是羞辱人的行为）。亚历山大对于和猛兽搏斗的行为是如此的重视，因为这是他具有神性的象征，以至于在他的石棺上都镌刻着他勇斗雄狮和制服牝鹿的形象，这种对赫拉克勒斯露骨的模仿暗示了亚历山大就是古代英雄的转世（图16-8）。

野兽之冢

罗马人非常善于学习，但是许多东西到了他们的手里往往变了样。希腊那些只有人格高尚的英雄才可以参与的斗兽事迹，在罗马竟演化成对动物进行的丑陋残忍的大规模屠杀。罗马人把战俘和奴隶训练起来，让他们和野兽搏斗，用这种血腥的娱乐来刺激自己因为安逸的生活而日渐迟钝的神经，久而久之，这种娱乐变成皇帝奴化自己子民的有力工具，出于这种原因，斗兽活动在官方的支持之下越来越兴盛了。

皇帝更把自己的政敌投入虎穴狮窟，让他们被猛兽撕裂，以此满足自己疯狂的复仇欲望。暴君尼禄就把一些基督徒裹在兽皮里，投放到兽穴给野兽撕咬，或是把犯人绑在小车上，推向一只饥饿的猛兽。为了庆祝帝王的凯旋、登基等重大事件，也出于安抚民心的政治目的，大型的角斗场在每个重要城市建立起来，斗兽表演更

图 16-7　赫拉克勒斯击杀许德拉
旁白：赫拉克勒斯的故事显示了希腊人对于英雄的看法：英雄不是徒有结实肌肉的傻大个，而是智勇双全，甚至具有幽默感的人。巨蛇许德拉的头可以再生，砍掉一个立刻又生出一个，赫拉克勒斯想出一个办法，他拿着烧红的木棍，在砍下蛇头的瞬间把伤口封住，蛇头就无法长出来了。就这样，通过聪慧的方法，他战胜了一个个困难，赢得了巨大的成功。

图 16-8　亚历山大石棺雕塑（国王猎狮）
旁白：亚历山大的智慧不在赫拉克勒斯之下，在东征的途中，当看到那些较为胆怯的民族时，他就在显眼的地方演练马其顿方阵，并且炫耀庞大而先进的攻城器械，许多民族在偷偷地看过之后，就缴械投降了。这种不战而屈人之兵的做法，被我国的军事家孙武认为是最为高明和可取的。

是层出不穷。在最为隆重的节日，一天内竟然有5000多头巨兽横尸竞技场，若不是竞技场撒有厚厚的砂石，血迹早就要把这里变成了一汪红色的湖泊。

从罗马人遗留下来的马赛克镶嵌壁画中可以看到一些关于斗兽的详细情形：人们扮作猎手，不穿铠甲，手持叉、矛，带着猎犬去捕猎鹿、野马等有蹄类的动物，也可以扮作摔跤手和野猪角力。最为危险的是捕猎狮虎之类的大型食肉动物，从事这种斗兽活动的大多数是熟悉此类动物习性的非洲人，即使是这样熟练的猎手，也不免在咆哮的野兽面前战栗。

奇怪的是，为了供罗马人取乐，出产这些野兽的地方都发布了禁捕令，老百姓即使是出于谋生或是自卫的目的正当地捕杀动物，都被视为犯罪行为。尽管这样，野兽仍然不可避免地日渐减少。这时，一些大胆的猎人受雇于政府，远赴北非腹地的丛林地带搜捕珍禽异兽。因为常驻在那里，这些人把罗马人的习惯也带到了非洲，在北非的殖民地大莱波蒂斯·马格纳（Leptis Magna）就修建了一个小型的狩猎浴场，人们在这个简朴的浴场中发现了一幅表现斗兽题材的马赛克绘画，证明了这个浴场服务于那些粗犷的罗马猎人。这座浴场也因为其完整性备受建筑史家的重视。

可能有细心的读者会思考一个问题，由于屠杀而产生的那么多尸体是如何处理的呢？考古学家回答了这个问题：在罗马的郊外，已经发现了75个大坑，这就是所谓的地下纳骨所。这些大坑在古代就是敞开着的，斗兽场运过来的人兽尸体被毫无顾忌地扔进去，这些大坑被很快填满之后，人们就把尸体扔在罗马城的科林门到埃斯吉林门之间的壕堑之中，以至于这些壕堑很快就被填得和旁边的马路一样平。这些积累的尸体密度如此之高，以至于过了2000年都无法完全腐烂，而是变成了一种发出恶臭的黑色石油状黏稠物质，让那些参与考古挖掘的工人都无法忍受，导致这些大坑又被回填起来。我们可以想象罗马这个永恒之城，在古代却日日弥漫着着血腥和恶臭的气息，这种糟糕的现象揭示了罗马人貌似文明的社会背后的野蛮和黑暗，这种状况在帝国建立之后颁行举行火葬的命令才有所好转。

斗兽为戏

虽然罗马人整日沉迷于这种堕落野蛮的游戏，但是他们心里也知道这不是什么好的爱好，更不是什么高尚的事业。公元二世纪，热爱高雅艺术的哈德良皇帝就曾明令禁止角斗表演，几十年后热爱哲学的明君马尔库斯·奥列里乌斯把斗兽表演也禁了，可是他不争气的儿子却偏偏喜欢这种低级的游戏，老皇帝一死，这个著名的暴君康茂德就解除了禁令，并且以极大的热情参与到这种娱乐中来。这位幻想着自己是大力士赫拉克勒斯的君王不满足于老是在他的佞臣前表演，于是他就在圆形剧场举办了一场个人的斗兽表演（图16-9）。

根据吉本生动的描述，这位皇帝一出手就获得了满堂彩，他瞄准动物的头和心脏，箭无虚发。他用一种如同月牙的箭头，在鸵鸟迅速奔跑时切断它细长的脖子；一只黑豹被放出来，在扑向一个瑟瑟发抖的奴隶的刹那间，康茂德飞出一支箭，挽救奴隶的生命于瞬间。他命人打开狮房，一百只愤怒的狮子沿着圆形的斗兽场奔跑着，忙碌的皇帝发出了一百支箭，逐一射死了它们。接着是大象和犀牛，皇帝又用更为强力的箭头射穿了它们的厚皮，致它们于死地。压轴戏是一些更为珍稀的动物，比如印度送来的老虎和埃塞俄比亚送来的长颈鹿（据说这是欧洲人第一次看到长颈鹿），皇帝让吃惊的观众欣赏够了，又从容地射死了它们。和亚述王巴尼拔孤身冲入狮群不同，这位皇帝的射猎是在大批武装侍卫的保护之下，并和野兽保持着相当距离，无惊无险地进行（图16-10）。

这位精力旺盛的动物杀手的另一爱好是充当角斗士。不同于人屠杀动物，角斗是人和人之间的屠杀，是罗马人发明的另一项残忍的娱乐。在罗马的历史上，共出现过大约20种角斗士，每一种都使用不同的装备，用不同的方式战斗，如高卢式、不列颠式（架着轻型战车），但具体细节流传下来的很少。角斗士一般不用本名，而是起一个响亮的艺名，用传说中的英雄如帕修斯、阿贾克斯等名字，或者以自己的特长起名，如"熊一般"、"迅捷"，等等。角斗士训练学校就在角斗场的周围，这是一个戒备森严的方形建筑，内部接一个圆形的微型角斗场。我们熟知的著名角斗士、起义领袖斯巴达克斯，就是一个在这样的角斗士学校中被培养起来的色雷斯战俘（图16-11至图16-14）。

康茂德皇帝喜爱扮作圆盾斗士，与持剑和持网斗士进行角斗，他用这种方法满足他杀人的欲望，根据官方记载，这位臭名昭著的勇士共进行了736次这样的格斗。虽然康茂德的勇力令人赞叹，但他残暴的统治使得他无法获得和亚历山大同样的美名。在一次疲惫的捕猎归来，这个昏聩的暴君终于被一个强壮的摔跤手夺去了他罪恶的生命。

图 16-9　康茂德皇帝像　｜　图 16-10　斗兽的场景（罗马壁画）

旁白：康茂德是公元二世纪末的罗马帝国皇帝，180 年至 192 年在位。他是罗马五贤君的最后一位——马尔库斯·奥列里乌斯的儿子，在他执政的 12 年期间，普遍不得元老院与一般人民的喜爱。历史学家吉本认为，在暴君中，连尼禄都具有一定的文化修养和判断力，而这位昏君只沉溺于狩猎和角斗，品位之低，无出其右。因此，吉本将康茂德定位为造成国家衰亡的第一人。康茂德所钟情的运动是一种在罗马人看起来最为低贱的游戏——斗兽，这是一种甚至连角斗士都不屑为之的事情。角斗士都有自己的盔甲和武器，而斗兽士却基本裸体。

图 16-11　大角斗场内景

旁白：大角斗场建于公元 72—公元 79 年，政府强迫 8 万名犹太俘虏做劳役，用工 8 年完成。建筑占地 2 万平方米，周长 527 米，可容纳 9 万观众。它是罗马帝国征服耶路撒冷后，为纪念皇帝韦斯帕先的丰功伟绩而建的，它设计精巧、结构牢固、规模巨大。

图 16-12　角斗场地下空间 1　｜　图 16-13　角斗场地下空间 2

旁白：大角斗场的地下机关重重，我们从左图中可看到在表演台下面还设有两层地下空间，猛兽的笼子在上面一层，是一个一个窑洞状的空间，动物由洞内放出，沿着梯子爬到表演台上。在右图中，我们可以看到人们在最底层操作绞盘，通过这种方式运送道具或是运送角斗士出场。

图 16-14 角斗士正在搏斗（根据庞培城壁画复原的角斗场景）

旁白：角斗是斗兽的孪生运动，这两项活动都在大角斗场举行。最初的角斗士源于被判死刑的战俘和奴隶，到了帝国时期，自愿参加的自由民和被宣判有罪的犯人也可以加入。在画面中，我们看到两个人正在搏斗，左边的人称为"剑士"，他的身份似乎要高于右边的人。著名的暴君康茂德就是扮演这个角色。右边的人叫做"撒网斗士"，撒网斗士是最常见的角斗士，他们用渔民的渔网和三叉戟，外加一把匕首。他们的防护就是左臂上的腕甲和环甲，有时左肩上加个肩盾。有些人认为，按照字面意思，只有用剑的才算角斗士，因为英文中的角斗士（gladiator）一词源于拉丁文，原意是短剑。图中撒网斗士的网已撒出，但显然没有效果，他配有肩盾作为没有头盔的补偿。一旁是裁判拿着棍子，场地边是伴奏的管风琴乐队，后面的黑衣人是一个政府官员，打扮成卡戎（罗马神话中冥界渡口的船夫）的样子，他负责用烙铁确认角斗士是否真的死了。角斗士死了，尸体就从左边的小门被拖走，地上的血迹则用沙子盖上。

斗兽遗风

罗马帝国的倾覆使那些吼啸山林的猛兽逃过一劫，因为人类在步入中世纪之后，斗兽的历史似乎就终结了，根据城市规划学专家芒福德的推测，斗兽的传统逐渐演变为一种较为温和的样式，并被排除在主流社会之外，这就是至今存在于城市边缘的那些流浪的马戏团。

文艺复兴时期，意大利人似乎还存在着一些古罗马的遗风，人们还保持着对于那些凶猛野兽的好奇心。15世纪的佛罗伦萨市民就有着他们共同的宠物，就是放在市政广场的几头狮子。除了百合花之外，狮子是佛罗伦萨的另一个重要象征物。著名的教皇，出身于美第奇家族的利奥十世，从他的名字（利奥就是狮子的意思）就可以看出他对于狮子这种动物的爱好，在他任职教皇期间，他最爱的宠物是一头叫"汉诺"的大象，这是葡萄牙国王赠送的礼物。教皇也模仿世俗的君主进行狩猎活动，并且使用豹子和其他猛兽为游行仪式中增添神话气息。这个喜爱玩乐的教皇对于动物的强烈兴趣创造了西方世界斗兽历史最后的辉煌，从此之后，人们很难在官方的记录中见到野兽的身影。斗兽，作为一种文化现象的历史终结了，无论是英雄、猎手或是屠夫，都难觅踪影，人类和丛林从此挥手告别。

图 16-15 爱琴文明（克诺索斯王宫壁画） | 图 16-16 母狮扑食非洲人

旁白：借助于动物的扑杀让自己死去的仪式，把自己的生命献祭给神灵，获得某种超脱和神秘的幸福，这本是古代人的离奇想法。但是这种想法一旦成为宗教，它就会对周围民族产生深远影响，甚至佛教中关于佛本生的故事里也植入了这种影子，萨埵太子把自己喂给饥肠辘辘的老虎，获得了无上的荣耀，也为其后来成佛奠定了坚实的基础。

神秘的度化

当我们迈入文明社会，离幽暗凶险的丛林越来越远的时候，不应当忽视，古代的斗兽行为不完全是为了实际的用途或是取乐，还有一种宗教情感在其中起着奇怪的作用，这就是所谓的"引渡"或"度化"的理念。古人认为动物具有神性，通过和动物搏斗，部分地获得它们的神性，这种想法存在于各个民族，但表现的方式很不一样。爱琴海克里特岛上的古代人民，在节日期间举行一种斗牛仪式，从现存的壁画上可以推测，斗牛的方式是这样的：一个灵巧强健的青年面对面向一头巨大的公牛冲过去，在就要相撞的刹那间，青年扳住牛角，借助冲力来一个360°的空中翻腾，并稳稳地坐在牛背上。人们通过这种虚拟的搏斗行为，取得了和自然的神秘和解，并以此祈求天神的佑助和赐福（图 16-15）。

在某些民族看来，被具有神性的动物吃掉，反而是一件喜事。在埃及，常有一些粗心的外乡人在尼罗河边行走，被鳄鱼拖到水里吃掉，这样悲惨的事情却被埃及人认为是神灵眷顾人类的表现，而那些倒霉的被害者是被尼罗河神青睐的幸运儿，人们会为他举办隆重的葬礼，感谢河神接受这个自己送上门的祭品。他的尸体也因此具有神性，除了神圣的祭司，普通人，甚至他的家属都是不能触碰的。

人们希望用死亡，甚至是自己的死亡，来平息愤怒的神灵，弥补自己对于神灵的冒犯。就连大肆屠杀狮子的亚述人都显露出对于这种观点的认同。在现存的一个亚述家具的残片上，雕刻着一只母狮咬住非洲人喉咙的场景，但是这里却没有痛苦的挣扎，绝望的眼神和血腥的撕咬，恰恰相反，母狮的眼神温柔如同大猫，遇难者也没有呈现垂死的抽搐，一切都像恍惚的梦境，被咬死的非洲人平静地走向死亡，没有恐惧和悲伤，就好像是在走向幸福彼岸，而这一切都要依赖母狮的神秘一击（图 16-16）。

17 罪恶与仇恨：犹太人的原罪说

圣经中偷食禁果的故事启迪了许多伟大灵感的诞生，比如著名品牌苹果（Apple）那被咬了一口的苹果商标就来自于人类偷食禁果，从而获得智慧的故事。但是很少有人了解，为什么只是吃了一口水果，人就会犯罪，并且变聪明呢？这到底是什么水果，如此神奇？

第一宗罪

上帝创造了人类始祖亚当和夏娃，把他们俩安置在伊甸乐园里，让他们俩无忧无虑地玩耍，并嘱咐他们，园子里所有树的果实都是可以吃的，但是知善恶树的果实却不可以吃。有一天，蛇出现了，它诱惑夏娃："吃下知善恶果，你就变聪明了，和上帝一样，为啥不吃呢？"于是夏娃就吃了，觉得味道还不错，就让亚当也吃。等这两个人都吃过了之后，他们果然开窍了，夏娃忽然发现自己面前站着一个光屁股的帅哥！亚当则发现他的小伙伴夏娃竟是一个大美女！他们都各自纳闷，以前为什么就没有发现呢？

正在纳闷呢，上帝来了，于是他们俩迅速地躲在了树丛后面，上帝找了一圈没有看到他们俩，就高声呼道："亚当你跑哪了？快出来！"亚当缩着脖子，在黑暗中说道："我俩光着屁股呢，不好意思见您……"上帝一听就问道："你怎么知道你赤身裸体？莫非你吃了知善恶树的果子？"亚当没办法，把夏娃给供了，而夏娃则供出了蛇。于是上帝把他们全都叫出来，愤怒地宣判对他们的惩罚，他首先判蛇终生吃土，用肚子在地上爬（从这一点可以看出，人们认为蛇原来是有腿的），女人看到蛇都要打它，而它看到女人则会偷袭她的脚跟（这一点解释了为什么所有女人见了蛇都要吓得哇哇大叫）。在确立了蛇卑微丑恶的形象之后，上帝开始责备女人了："你这个没脑子的，就这么好吃，一点都经不住诱惑？为了这个你犯了大罪，我要加重你妊娠的痛苦，而且就为你这没脑子的毛病，你得一辈子听你男人的话。"

上帝最后转向亚当，沉重地说道："你本没啥毛病，就是耳根子软，为了你老婆，连我的话都不听了，既然你这么重视你老婆，你就跟你老婆一起过吧，从今天起，你就搬出我的伊甸园，自力更生去吧！" 上帝叹了口气，继续说："外边的日子不好混哦，你得流血流汗，才能养家糊口，即使这样，你俩也免不了一死，你本就是泥巴捏的，到最后你死了，还得埋在土里。"

上帝说完这个，用树叶给他俩做了个肚兜算作最后的礼物，就叫天使把他们打发走了，并把园里剩下的树派天使看管好了。人类的始祖就这么偷食禁果，而犯下了最初的罪恶。

禁果为何

这就是耳熟能详的亚当夏娃偷食禁果的故事，它出自于《圣经》旧约的第一章《创世纪》，透过看似单纯的情节，我们不禁要思考一些问题：那个知善恶果为什么一吃下去，夏娃和亚当首先感受到的，不是别的，而是来自性别上的区别呢？为什么上帝可以让他们吃所有树的果子，又独独不让他们吃知善恶树的果实呢？要知道，除了知善恶树之外，明明还有一棵生命树是更为诱人的，因为吃下它的果实，人就可以长生不老。但是亚当夏娃听了蛇的建议，对那长生不老的仙果毫不感冒，却选择了知善恶果，这是为什么呢？

看样子，亚当夏娃是不会来告诉我们了，要了解这一切，还得研究研究知善恶果的原型。如果我们看一看米开朗基罗在西斯廷天顶画《创世纪》中表现的"偷食禁果"这幅画，只要具有一定的生活常识，就会看到，米氏把知善恶树画成了一棵无花果树，画家不会乱画，他所依据的是上千年来人们的共识：知善恶树不是别的，就是一棵无花果树！人们早就发现无花果果实具有催情和增强性能力的作用，这就是亚当夏娃吃了果子之后立刻情窦初开的真实原因（图 17-1、图 17-2）。

因此，所谓的"知善恶"，就是从人类开始意识到自己的性能力开始的，我们中国人不也把少年初知性事称为"开窍啦"么！拥有了性的能力，人们就会生儿育女，繁衍后代，形成强大的人类种族，而这是上帝所不想看到的，他希望亚当夏娃老老实实地在伊甸乐园中呆着，天真无邪地做他的玩偶，给予他俩的补偿就是衣食无忧，长生不老。但是不管出于什么原因，希伯来人认为：我们人类的祖先放弃了这种傻乎乎的奴性生活，选择了一种更为明白，但也更为艰险和困苦的生活。从另一个方面看，通过两情相悦，人们可以繁衍生殖，开枝散叶，代代相传，个体的死亡却被种族的传承所代替，人类确乎获得了另一种永恒。

图 17-1　丢勒所画的《偷食禁果》　｜　图 17-2　米开朗基罗所画的《偷食禁果》
旁白：偷食禁果是西方绘画的一个重要题材，无数的艺术家都饶有兴味地参与到这个主题的创作中，由此也可以通过这些绘画来发现艺术家所处时代和地区的不同而产生的巨大认知差异。丢勒身处寒冷的北国，他想当然地认为禁果是个诱人的苹果，因为苹果在德国是很常见的水果，但是米开朗基罗身处气候温和的南欧，他的想法更容易和那些生活在沙漠地区的希伯来人产生共鸣。

原罪之说

人类的选择，是对上帝意志的背叛，因此，在上帝看来，这是一种罪过，而"性"的开蒙，也同样被认为是一种罪恶。亚当夏娃所具有的这种犯罪基因，也将一代代传下去，成为人类摆脱不掉的印记，这种罪过，古代的以色列人称为"原罪"。

原罪说是古代希伯来人宗教中最为重要的概念之一，他们希望通过原罪之说确立人性本恶的宗教理念，因此，每一个人都有义务在生命的开始就勤谨地虔信上帝，以此来净化自己的灵魂，约束自己的行为，求得精神的解脱和升华。原罪说是和希伯来人的民族气质和民族历史有着非同寻常的联系的，这个多灾多难的民族一直通过信仰上帝来鼓舞自己，在民族繁盛的时候，他们认为这是上帝的佑护；而民族一旦遭遇苦难，他们就认为这是上帝在惩罚他们的不够虔诚，并不时地反省自己的行为是否检点，是否符合正义。他们明智地发现，无论怎样修炼和约束，人性总是不够完美的，因此他们把这种不完美归于天然存在的基因，来自于祖先的罪孽。希伯来人确实是富于智慧，强调逻辑的民族，为了进一步把这个"原罪"的问题讲述清楚，他们继而述说了另一个故事，告诉人们，亚当夏娃的罪恶是怎样传诸于他们的下一代的。

罪恶传承

在被逐出乐园之后，亚当夏娃生了两个男孩，哥哥叫该隐，弟弟叫亚伯。哥哥种田，弟弟放牧，在祭祀上帝的时候，兄弟俩各自拿着收获奉献给上帝，哥哥拿的

第四部分　风俗和掌故

是用庄稼做的面饼,弟弟把小羊杀了做成烤肉。结果可想而知,上帝当然更钟情美味的烤羊肉啦,弟弟得到了上帝的宠爱,把哥哥气坏了。结果,在哥哥的田里,兄弟俩正说话呢,该隐忽然抡起他的锄头,砸向毫无防备的弟弟。无辜的亚伯就这样死了,他的血流到地里,向上帝呼救,上帝垂听了亚伯的声音,就对该隐说:"你做了什么事呢?你兄弟的血从地里向我哀号,地开了口,从你手里接受你兄弟的血,现在你必从这地受到诅咒,你种地,地不再给你效力,你必流离飘荡在地上。"

在这个故事里,亚当夏娃"偷食"这样的小罪已在他们的孩子那里演化成杀人这样严重的罪恶。但是这只是旧约编纂者希望我们理解的东西。在这个故事的背面,研究者隐隐约约地看到了希伯来人曾经存在过的一个可怕风俗——"人祭"。在远古时代,人们为了取悦(在他们眼里)残酷的大自然,常要举行血腥的祭祀,祭品有时是牛羊,有时是活人。旧约研究者认为,亚伯其实就是被杀掉祭神的祭品,而该隐就是执行死刑的刽子手。亚伯的血浸润了土地,人们认为这就会让来年的庄稼生长茂盛。上帝的话"地开了口,从你手里接受你兄弟的血"证明了这一点。

然而兄弟相残的故事还没有结束,杀了人的该隐居然向上帝求情,叫上帝想个法子保护他,免得他在流放的途中被人杀死。奇怪的是,上帝真的就保佑了这个杀人犯,方法是给他做个记号,而且说了"凡杀该隐者,遭报七倍"的话,这样人们知道他为上帝保护,就不会杀他了。该隐过起了流浪的生活,后来,他建造了一座城,并娶妻生子,他的后代由于继承了祖先的罪恶,无法务农,只得干起了吹拉弹唱的卖艺生活,或是当起了手工艺人。

由前文可以得出结论,亚伯被杀是因为被献祭了,该隐只是执行者,因此没有太大罪孽。但是既然没有罪,为何要被流放,又要上帝给他做记号呢?这其中又蕴含了希伯来人的另一个风俗:赎罪日。在这一天,人们选出两只羊,用抓阄的方法定出哪一只献给上帝,哪一只献给阿撒泻勒(一种超自然的恶魔)。献给上帝的当场献祭,然后那只活着的羊被牵到大祭司的面前,大祭司将手按在羊头上,表示他把所有人的罪恶都转移到了羊的身上,然后由一个人把这羊带到荒野中放掉,表示它带走了希伯来人的罪恶(这就是西方谚语"替罪羊"的来历)。当然,带走羊的人也被看做是沾染了不洁净,所以他不能直接返回,而必须经过一番"净化"。

人们认为该隐就是这样一个负责把羊带走的"神职人员",为了净化,他必须在外面待上一段时间,在神话中就演变为流放了。由于这是整个祭祀环节中必不可少的一环,又因为任务的晦气,被流放和被唾弃的执行者得画上记号以此辟邪,表示这并不属于他本人的罪恶,因此标识有神圣不可侵犯的意义。

在这个含义丰富的神话中,我们透过该隐杀弟的罪恶,看到整个人类的罪恶意念的产生,恶行的实施以及赎罪的可能性。旧约编订者似乎在向人们透露一个信息:由于人性不可避免地带有罪恶的特性,因此试图逃脱心底的罪恶那是枉然,犯下罪行并不可怕,可怕的是你不向上帝坦白,也不祈求上帝的谅解(图17-3)。

仇恨迦南

如果抛却道德和训诫的意义,该隐杀弟实际上是一个寄托着希伯来人的民族仇恨的历史寓言。放羊的弟弟是游牧民的化身,或者说就是希伯来人自己,而种田的哥哥就是迦南的原住民,他们是农耕民族。希伯来人的祖先亚伯拉罕曾自称受到上帝的启示,要他们全族迁往"流奶流蜜"的迦南,但在迁徙迦南地的时候,因为争夺土地,他们和当地的农耕民族发生了矛盾和流血的战争,最终他们取得了居住在那里的权力,成为胜利者。

为了显示入侵的正义性,他们在神话里把现实倒了过来,土地被掠夺的迦南人反而成了害人的人,但无所不能的上帝是站在希伯来人一边的,正由于这种优越性,迦南人才迫害他们,使他们成为受害者。通过这种小心地编织,犹太史学家树立了自己民族的正面形象。

让迦南化身为邪恶的该隐,如此隐晦地暗示自己的民族仇恨,对于希伯来人显然是不过瘾的,于是很快地,他们又在另一则神话中,把迦南置之于万劫不复的境地。

洪水之后

当该隐这样的人成为人类的始祖后,邪恶的人类很快充满了大地,这批该隐的子孙已犯下了可怕的罪恶,就连一向以宽大为怀的上帝都看不下去了,他为自己制造了这么一批拙劣的产品而深感后悔,于是他决定以罪恶来惩治罪恶:淹了这帮混蛋!于是一眨眼的工夫,人类的一切罪恶都随着滔天洪水荡涤得一干二净,世界清净了!高明的上帝还留了一手,他为人类留下了唯一的善人:诺亚。他嘱咐诺亚造一只大船,把地球上所有的动物都带进去,等洪水退去,好在世间播散希望和善的种子。

可是罪恶仍然保留下来,善人诺亚有三个儿子:闪、含和雅弗。诺亚有一次喝酒喝醉了,赤身裸体地躺在自己家的葡萄园中睡着了,诺亚的小儿子含看见他爸爸这幅不雅观的样子,感到好笑,就去把这事告诉了他的两个哥哥,他的两个哥哥听到以后,赶忙跑到葡萄园为他们的爸爸盖上衣服,为了表示对于父亲的尊敬,他俩不敢直视父亲的身体,而是背着身子给父亲盖上衣物的。

诺亚醒了,得知了这件事情,赞扬了两个哥哥正确的行为,但是对于弟弟含,却发出了可怕的预言:"迦南当受咒诅,必给他弟兄作奴仆的奴仆。闪的神耶和华是应当称颂的,愿迦南作闪的奴仆。愿神使雅弗扩张,使他住在闪的帐篷里,又愿迦南作他的奴仆。"就这样,一失足成千古恨,含的子孙迦南就永世不得翻身了。在这里,我们可以窥见《创世纪》故事谨严的逻辑性:亚当夏娃只是犯了一个偷吃水果的罪,就为子孙酿下严重的罪恶。若干年后,历史又重演了,含只是犯了一个多嘴的罪,同样也让子孙获罪。就这样,因为"不孝"的含,诺亚代替上帝宣判了含的子孙必被奴役和压迫,希伯来人为自己的侵略行径找到了明确的依据(图17-4)。

图17-3　比萨洗礼堂东门铜板镶嵌画（该隐杀弟）　｜　图17-4　比萨洗礼堂东门铜板镶嵌画（诺亚醉酒）

旁白：比萨洗礼堂东门的嵌板浮雕是文艺复兴初期最为著名的浮雕艺术家吉贝尔蒂的作品，以纪念佛罗伦萨逃过一场瘟疫浩劫。通过和七位艺术家的激烈竞争，吉贝尔蒂以其天才胜出。这件巨作为共计10块《圣经》故事的浮雕铜板，花费了吉贝尔蒂27年的时间来制作，其构思的巧妙，场面的宏大和制作的精美使米开朗基罗也感到难以匹敌，他由衷地赞叹，称它为"天堂之门"。在每一块铜板上，艺术家都惨淡经营，雕刻出不同时空的景物，把一个故事的起因、发展、高潮和结尾通过代表性的分镜表现出来，每一块嵌板都叙述了一个清晰完整的故事。从画面结构上看，故事的开始都为远景，到后来逐渐变为近景，由此而产生景深的变化，也十分巧妙。

千年之恨

无论是希伯来人还是迦南人，都无法保有那片"流奶流蜜"的小小的土地，在以色列和犹太两个希伯来王国相继覆灭后，各个民族——亚述、巴比伦、波斯甚至马其顿，轮番做了它的主人，又过了多少年后，罗马人统一了地中海世界，提图斯掠夺了希伯来人圣殿中的圣物"约柜"，哈德良残酷地镇压了希伯来人的起义，希伯来人所占有的那一片小小的土地沦为罗马的行省。又过了多少年，罗马人把迦南更名为我们熟知的巴勒斯坦。到了20世纪40年代末，联合国划给犹太人一块小地方作为他们的家园，这块地仍在他们的老仇家巴勒斯坦的边上，这个亚伯拉罕曾经祭祀过上帝的地方现在被称为以色列。

相比于希伯来人、犹太人，以色列是这个民族自己最喜欢的名字，意思是"与神搏斗"。虽然经历了一千多年的流离失所，这个喜欢搏斗的高傲民族至今也没有放弃和命运的搏斗，虽然经历了那么多苦难，历史仍然无法消弭希伯来人和迦南人这两个民族的互相仇恨，他们的或明或暗的战斗仍在继续，这就是新闻中频频听到的一个政治词语"巴以冲突"，对此我们还能说什么呢？借用那位伟大的以色列总统，被刺杀的拉宾的那句话来结束这个难以判断的历史纠纷吧："够了，够了，血和泪已经够了，给和平一次机会吧。"

18 战斗的人生：希腊人的战争艺术

古希腊人的军事成就对于后世影响深远，斯巴达人把重装步兵组织成威力极大的作战方阵；雅典人也创造出以三列桨为主体的舰队和当时最为先进的海上作战方式。这些高超先进的战术、战略以及战争科技都为希腊文明的继承者亚历山大大帝和罗马的军事将领所学习和改进，并最终促成了两个伟大的帝国马其顿和罗马的崛起。

好战的希腊人

伟大的历史之父希罗多德曾说过一句著名的话："战争是历史之父"，这句话尤其适于好战的希腊人。战事贯穿整个希腊的历史，希腊诸国成于战争，也最终毁于战争。但是诸君不要误会，以为希腊人生来就是一群好勇斗狠的莽夫，事实上，在希腊那片狭小而贫瘠的土地住满了众多的民族，产生了太多的城邦，在如此拥挤的空间擦枪走火往往是无可奈何之事，况且，他们所在的巴尔干半岛又是东西方交汇的要冲、欧洲的前哨，强邻环伺的局面也迫使他们在漫长的时间中成长为习于征战的强者。

希腊人打过很多著名的战役，在他们文明的初期，他们就组织了规模庞大的全希腊联军，远征小亚细亚的大城特洛伊，苦战十年并最终攻陷了它，打通了远至黑海的贸易通道，取得了爱琴海海域的制海权。在两次入侵中，希腊人以劣势兵力在四次重要战争马拉松战役、温泉关战役、萨拉米斯战役和普拉提亚战役中打败了亚洲的霸主波斯，从而打造了希腊世界的黄金时代。即使是长达20年的内战伯罗奔尼撒战争使整个希腊世界民穷财尽之时，希腊人仍然意外地在远离希腊世界的偏远地带获得了一个希腊式战争专业的高材生，这就是马其顿国王亚历山大大帝，这位年仅 20 岁的战神带着一支规模不大的希腊联军（约 35000 人）远征亚洲大陆，打遍天下无敌手，在短短的十年时间内把亚非欧连在了一块，创造了一个疆域广大的马其顿帝国。

我们不能抛开战争之外的因素而去过度吹嘘希腊人的神勇，事实上，罗马人是比希腊人更厉害的战士，他们不仅通过战争形成了极大的帝国，而且井井有条地治理了帝国几百余年，在这一点上，希腊人无法望其项背，他们总是很快地取得一块土地又迅速地失去它。而且希腊人的战争，除去希波战争之外，大多数都是非正义的战争，雅典人对待背叛自己的盟友毫不留情，赶尽杀绝，而斯巴达人更是极为残忍地对待被他们欺压的农奴。

除此之外，从战争的规模上看，希腊人的战争很少出现伏尸百万、流血千里的惨状，大多数的战争是几百人对抗几百人的小规模战争，往往一些决定性的大会战才会出现几千人之间的对决。但是希腊人有一种天生的创造力和艺术鉴赏力，所有的东西经过他们的手，都沾染了充溢的灵气，即使暴戾和血腥的战争也是如此。这一点，是罗马人或是别的善战民族所比不上的，因为如何把战争和艺术结合，或者换句话说，如何把战争升华为一种美学现象，这曾是希腊人汲汲以求的东西。

战争的哲学

我们要深入和透彻地了解希腊人的战争艺术，首先要了解希腊人对于战争的看法。和世界上所有的民族一样，希腊人并非生来热爱战争。他们早已把自己对于战争的理解融入到他们的宗教和哲学之中。在希腊神话中，有一个胜利神尼凯，她是一个长着双翅的女神，并且是智慧女神雅典娜幼时的伙伴。据说这两个女神还是小孩子的时候，曾经互掷标枪为戏，但是雅典娜却误伤了尼凯，使尼凯受伤死去了。从此之后，悲伤的雅典娜经常携带着胜利女神的小像，并常常来到亡友的墓前悼念。这是一个发人深省的故事，把胜利带给军队的女神，本身却被标枪刺死！透过这个悖论，希腊人似乎想告诉人们：想要得到胜利，就得付出死亡的代价，即使是胜利女神本身也无法逃脱这个残酷的规律。

除此之外，他们还创造了一个嗜血好杀的战神阿瑞斯，他是个高大彪悍的英俊男子。和世界上许多民族创造的带有正面色彩的战神不同，阿瑞斯凶暴狂妄的个性让奥林波斯山上所有的神祇都讨厌他，这似乎也从侧面说明了希腊人是厌恶战争的。即使是专司战争的神祇，也不免在战争中受伤，在特洛伊战争中，他为希腊英雄的长矛所伤，竟发出了凄厉的吼叫，犹如成千上万的士兵在齐声呐喊，当他受伤倒地，他那庞大的身躯竟占地 7 公顷。这些细节也暗示出战争必然带来死伤，即使战神也会在战争中像凡人般受伤倒地，事实上战神这个神祇就来源于色雷斯地区的冥府之神。此外，爱逗趣的希腊人老是拿阿瑞斯开涮，说他和美丽的阿芙罗狄蒂偷情，被火神用一张大网捉个正着；在特洛伊战争中，头脑简单的他又为智慧的雅典娜用巨石击倒，这些故事则证明：在某种程度上，发动战争就是愚蠢的代名词，智慧的人是爱好和平的。

在雅典卫城上的依瑞克先神庙的旁边,种着一棵发育不良的小橄榄树,雅典人会自豪地告诉游客,这儿正是海洋之神波塞冬和智慧女神雅典娜争夺雅典保护权的地方,他俩都声称自己能够给雅典带来有用的东西。波塞冬用他又粗又长的三叉戟敲击地面,地上立马跳出一只膘肥体壮的骏马,而雅典娜用她的长矛只轻轻顿了顿地,地上就长出了一株枝繁叶茂的橄榄树。毋庸置疑,雅典娜获胜了,因为雅典人爱好代表和平和富饶的橄榄树,厌恶象征着战争的战马。这个广为传颂的故事正是雅典城对于自己城市形象的一个恰当而生动的正面推广,使人们都相信雅典是一个热爱和平、自由的富饶国度。

长矛和盔甲之林

在古希腊的瓶画上常常可以看到身披全套甲胄的希腊武士,这些被称为重装步兵,是希腊士兵中最为精锐、战斗力最强的部分。他们头戴顶部有长长帽缨的青铜头盔,头盔甚至可以护住双颊和鼻子,身穿马甲状的青铜胸甲,那胸甲在今天看来简直就是艺术品,因为它表现了一个生动准确的男性躯干的模样,有着线条分明的胸肌和腹肌,显示了希腊人对于人体形态的熟悉和准确把握。士兵们的小腿上绑着青铜或是白锡的胫甲,这种胫甲似乎是希腊武士的一种独有装备,在《荷马史诗》中常常见到这样的词句:胫甲坚固的阿开亚人(希腊人的统称)。胫甲的功能似乎是为了保护士兵的小腿,以免为遮掩全身的巨盾擦伤(图18–1、图18–2)。

除此之外,重装步兵最为重要的武器就是矛和盾。盾牌多为直径1米的圆形木板,外面包有青铜或者牛皮,这并非仅仅为了增加盾牌的强度,更是希望靠青铜和牛皮的光滑卸掉敌方武器的打击力。盾牌绑缚在士兵的左臂上,十分沉重。士兵的右手上执着山茱萸杆、铁制矛头的长矛,有两三米长。可以想象,手持长矛重盾,又戴

图18–1 青铜胸甲 | 图18–2 全副武装的阿基里斯

旁白:胸甲塑造为一个男性的裸体躯干,这似乎暗示着在遥远的古代,人们是赤裸着上半身作战的。在实际的战争中,20层亚麻浆制的亚麻胸甲和皮甲会有更高的使用率,青铜的胸甲更多地在仪式中使用。青铜头盔也显示了高超的制造工艺,但是实战中,带牙片的皮盔可能更为普遍。

着阻碍视力和听力的笨重头盔的重装步兵实际上没有看上去那么潇洒。

重装步兵不是单打独斗，他们组成一种神奇的作战队伍，称为"方阵"。据说，两河流域的苏美尔人最先发明了方阵，但是显然，是希腊人改进了它，并在亚历山大大帝时期将其发挥到了极致。这是一种高超的战术，把团队作战的威力发挥到了最大，但同时，它也需要高超的战斗技巧和士兵之间的协调和互助能力。方阵在常规状态下是方形的，需要有较为开阔和平坦的战场，以展开正规的对抗战。士兵在纵向排成8人或16人的一排，横向的长度取决于对面敌军的阵线长度，如果敌军人数众多，我方也就相应拉长横向行列，以防止大规模敌兵的包抄，如果已被包抄，就把方阵排成纵深深长的楔形方阵，以突破重围。当然，这只是常规做法，总有富于智慧的人来挑战法则。底比斯的名将伊巴明诺达斯就曾把方阵改造为机动性更强的楔形，楔形的前头由战斗力最强的士兵组成，由此重创了善战的斯巴达人，在留克特拉战役中一举获胜（图18-3）。

亚历山大大帝把方阵真正变成了一种可怕的艺术。他首先增大了方阵的规模，这种马其顿方阵常规有16人／排，前5排的士兵全都举起6米长的长枪缓步推进（因为跑起来就会乱了阵法），为了步调一致，还会吹奏军乐，高唱战歌，长枪组成密不透风的枪林。正如同罗马史学家李维所写的：（敌方）每一个士兵都会同时面对十只矛的威胁，对于善于单打独斗的东方蛮族来说，如果采取没有章法的进攻就毫无获胜的可能（图18-4）。

但是亚历山大的马其顿方阵并非没有缺陷，事实上，漏洞是显而易见的。首先，方阵的两侧是空虚的，士兵们的腰和手臂暴露在外，敌人一旦从侧面进攻，方阵就

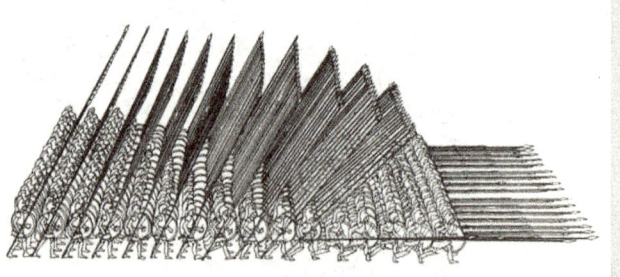

一个标准的马其顿方阵大约有256个人，纵向16人。

图18-3 希腊式作战方阵前景
图18-4 马其顿方阵示意图
旁白：直到现在，人们也没有完全了解方阵的全部诀窍。因为在现代人看来，每个人手持长矛大盾，组成极为密集队形的时候是无法作战的，人们做出种种猜测，有一种说法，最前排的士兵是半蹲着的，而后面的士兵把长矛搭在前排士兵的肩上作战，盾牌不仅护着自己的左边，也护着旁边战士的右边，等等。但是，这些假设都难以让人信服。文献记载也出现一些矛盾的事情，比如人们都知道重装步兵方阵只能缓慢前行，但是希罗多德告诉我们，在马拉松战役中，战士们士气高昂，竟然跑步迎敌，那么他们是如何克服地心引力，又是如何在跑步中保持队形不乱的呢？

图 18-5　马其顿骑兵
旁白：现代人可能会忽视一个问题，即兵种是具有阶层的。在希腊这个贫瘠多山的地方，不仅不盛产马，也缺乏放牧马匹的草场，因此饲养马匹，特别是用来比赛和作战的优良马匹，是极为高贵和豪富的象征，同样地，一个骑马作战的士兵也是军队中最富裕的公民（因为马匹是要他自己配备的）。骑兵作战的特点是机动性强，善于冲击、追踪和驱赶，但是由于古希腊没有发明马鞍和马镫，骑兵还远未把其杀伤力发挥出来。在马其顿崛起的时候，马其顿的骑兵作为步兵方阵最为重要的辅助力量，在东方战场上发挥了重要作用。

会被打乱。对于这一点的解决办法是在两侧配置骑兵（图 18-5），常规做法是：在右翼配置精锐骑兵，并用弓箭手和投石手发射和投掷武器扰乱敌阵，之后精锐骑兵冲入敌阵，把敌人赶入方阵之前，在方阵的左翼配置重装骑兵，同时每一个重装步兵旁边还会有一个轻装步兵，他们共同协助方阵作战。其次，为了方阵发挥最大的战斗力和自我防御能力，士兵们紧紧地拥簇在一起，在他们举着 6 米长的长矛拼命刺向前方的敌人的时候，他们重重的枪托（为了平衡的缘故，枪的尾部加重了）往往会伤害到后面的战士，从而打乱作战的秩序。因此方阵不仅依赖于士兵的勇敢，更依靠熟稔的技术，因此我们常常会在亚历山大的传记中看到，跟随皇帝作战的都是从马其顿带来的老兵，那是因为他们已经把那套战法运用得炉火纯青了。

我们的希望在海上

希腊人在马拉松战役中成功抵抗了数十倍于自己的波斯军队，迎来了第一次希波战争的胜利，但是富于远见的雅典将领地米斯托克利预见到波斯军队很快就会卷土重来，希腊人必须阻敌于海上。于是他说服雅典人把新发现的银矿的收入用来打造一支舰队，他的理由是这样的：我们不必为一小块土地（雅典城）在陆地上作战，如果有了强大的海军，到处都可以找到殖民的地方，同时他豪迈地宣称："我们的希望在海上。"于是在第二次希波战争中，雅典人做出了一个大胆的决定，所有人都抛弃了家园和财产，把空荡荡的雅典留给波斯人践踏，而在海上迎战波斯人。事实上的确如此，当数目庞大的波斯海军在萨拉米斯海战中溃败之后，虽然还有数量更为惊人的陆上军队，波斯国王泽尔士还是匆忙地溃逃了。从此之后，雅典人更加着力于建立和扩充自己的海军，最终依赖着强大的海军，建立了一个拥有众多殖民地和附庸国的海上霸国。

海军依赖军舰作战，航海技术的发展使希腊人可以制造航速很快、机动性很强的三列桨战船，这种战船有三层船舷，每一层都设置桨手。和受人尊敬的重装步兵相比（他们是中等收入的公民阶层），桨手是一无所有的贫民，雅典人甚至把战俘的拇指砍断，让他们不能持矛，只能握桨。一艘三列桨战舰配备 200 人，其中约 170 人是桨手，其余的是重装步兵和少数军官。

雅典人积累了丰富的海上作战的经验，他们的作战方法是这样的：先依靠大量的战舰包围敌方舰队，他们不和敌人正面作战，而是绕到敌舰的侧面，用安装在船头的青铜撞角撞击船身，把它击穿击沉，并在敌舰反应过来之前迅速倒划撤退，转而攻击下一个目标。因此也可以想象，一个智慧的舵手对于一艘船来说有多么的重要。这种看似简单的作战方法其实是需要很高的技巧的，其他国家的海军很难掌握。我们从修昔底德的记载中可以看到，同为海上强国的叙拉古，其海战方法就是加固船头的龙骨，正面撞击敌船，这种缺乏技术的作战方法只适于在狭窄的港口中完成。而斯巴达人则是在船上设置甲板，并用铁链把船连在一起，让重装步兵站在甲板上作战，就好像是在陆地上一样。正是依靠着强大的海军，雅典人取得了爱琴海海域的制海权，他们的舰队傲慢地航行在公海上，监视和控制着雅典的同盟国的一举一动，并在他们胆敢叛变时对它进行封锁和消耗。

但是维系一个三列桨舰队的费用是惊人的，木制的船身不耐海水的腐蚀，不用的时候都要把它拉上岸晾干，并且每过一段时间就需要维修。一个船员每天的薪酬是半个德克拉玛（德克拉玛是希腊世界通用的最小银币单位，一个德克拉玛约合人民币市值 100 元），那么一艘战舰全体成员一个月就需要 0.5 塔兰同银币（1 塔兰同约等于 25kg），如此一来，一支拥有 10 艘战舰的小型舰队每个月要花费 5 塔兰同白银，而三个月的战役就要花费 15 个塔兰同，这是一个巨大的数字，大大超出了雅典同盟国所缴纳的贡金。所以，雅典加大了对于同盟国的剥削，这种沉重的贡赋使许多热爱自由的城邦揭竿而起，当斯巴达介入之后，很快导致了希腊世界的内战。

斯巴达人的战争艺术

在希腊伯罗奔尼撒半岛的东南边有一块狭长的地域，被称为拉科尼亚。拉科尼亚最大的城邦就是著名的斯巴达，斯巴达人原是半岛北部的多利亚族，当他们迁徙来到拉科尼亚时，战胜了这里的原住民，让他们成为农奴（希洛特人），并残忍地奴役和镇压他们，由于希洛特人的人数大大多于斯巴达人，所以斯巴达人必须熟稔军事，厉兵秣马，时时提防着希洛特人的反叛，出于这个原因，斯巴达渐渐成为奉行与"狂热军国主义"类似思想的国度。

整个斯巴达就成为一个军营，所有公民不从事生产和商业活动，只操练军事。他们的庄稼和日用品由希洛特人供给。斯巴达公民的生活是很值得一书的，他们几乎没有私人生活，所有的成年男性都在一起吃，一起睡，甚至就连和妻子见面，都得等战友睡下，然后偷偷摸摸溜回家，并在天亮之前再溜回军营。为了不让丈夫过于留恋男欢女爱的美妙，法律甚至规定新婚的妻子要穿着男人的衬衣，剪着短发，打扮得像个小男孩。所有的斯巴达人都吃食堂，当然他们得缴纳一定的伙食费，伙食很糟糕,没有什么荤菜,但是大家在一天的操练之后都非常饥饿,因此也吃得津津有味。他们最为有名的一道菜叫"黑肉汤",非常珍贵,却让外宾觉得难以下咽。

这种粗糙苦闷的生活是不是让你联想起大学时的军训?没错,斯巴达人一辈子都在经历这样的军训。可是不时出现的战争总是会像阳光般撕裂斯巴达人暗淡的生活,他们多日的彩排就是为了此时的表演!这时,战士们都脱掉了平时肮脏的训练服,穿上干净的内衣,套上锃亮的盔甲,每一个战士都会尽其所能地购置最好的盔甲和武器,像对待自己生命似的维护着这些军备,一个战士在战场上丢了自己的武器被认为是极其耻辱的事情。在每个战士出征前,双亲们就会对儿子说这样的话:"带着你的盾牌回来,要么躺在盾牌上回来"。有时它也被翻译得更为通俗:要么战死沙场,要么回到家乡。在古希腊的瓶画上常常绘有这样的出征场景:战士们站在门口,白发苍苍的父亲在做最后的教导,而战士的妻子一言不发,用坚忍而悲伤的表情凝视着自己的丈夫,因为她们一直被教导不得用哭泣来扰乱战士们的斗志。

有趣的是,出征之前,战士们会着意打扮自己,好像要去相亲似的,这种奇怪的风俗往往会让外族莫名其妙。在温泉美那场著名的战役中,300个斯巴达勇士对抗几千人的波斯大军,准备决一死战,在决战之前这么危急的关头,波斯侦察兵却看到一番奇景:勇士们拿着小梳子和小镜子,正在细心梳理他们的额发,并给自己扎上漂亮的小辫子。因为他们认为越是恶战,越要打扮得英俊!果然,波斯人紧接着就遇到了他们在希腊遇到的最凶猛可怕的打击。从这个侧面可以看出斯巴达人的视死如生。

当士兵们到达战地,他们会发现操练较之平时已大大减少,长官也没有平时那样严厉,最重要的是,伙食也变得十分美味。所以普鲁塔克说过一句意味深长的话:"斯巴达人是世界上唯一可以借着战争获得休息的民族。"在出征之前,他们的指挥官用一只山羊向神灵献祭(平时用面饼),表明自己是正义之师。

现在出征了!带着花冠的士兵们排成方阵,身穿华美的盔甲,手持贵重的兵器,飘逸的长发衬托着英俊的面庞。笛手吹奏卡斯特赞美诗的旋律,每个人念出凯歌的词句,当做前进的信号。步伐和于节拍,阵式井然有序,士兵们心情毫不紧张,面容非常安详,跟着乐声平静而愉快地前进,这种景象真叫看过的人觉得庄严而又恐怖!比之于世界上其他民族在出征时借助张牙舞爪和粗野

图 18-6 斯巴达装步兵
旁白:重装步兵和其组成的方阵是希腊世界战争的最主要形式,重装步兵来源于城邦的中等收入公民,因为只有他们才能自费配备一身昂贵的装备。他们是一个城市的中坚力量,正因如此,在文献中,重装步兵的损失常常让人们扼腕叹息,但是对于其他兵种,人们似乎没有这样在意。人们容易忽视的问题是,重装步兵是不能独立作战的,斯巴达的每一个重装步兵都配有一个希洛特人的轻装步兵。在希腊世界没落的时候,每个城市都开始招募脱籍奴隶充当重装步兵,渐渐地,重装步兵不再成为一个受人尊敬的社会阶层。

第四部分　风俗和掌故

呐喊以威慑敌阵，斯巴达人显然技高一筹，他们冷酷的镇定更显示出如有神助般的自信（图18-6）。

这样的军队已然变成了一种神话，让人们觉得他们是不可战胜的，也让人们产生一种错觉：这些强悍的战士即使战败也不会投降。因此，在阿奇达慕斯战争时，雅典人侵占斯巴达人的前哨派娄斯时，几百名斯巴达战士战败投降，让雅典人大为讶异。雅典人对待这些投降的斯巴达战士很是轻蔑，责问他们："比起那些英勇战死的人，你们岂不是一群胆小鬼？"但是这些投降的斯巴达人回答的却也不卑不亢："如果箭头能够认得英雄和懦夫，那么箭头的价值就太大了。"这句话意思是战死不代表英勇，投降也并非就是怯懦的表现。

用战斗走向不朽

也许有读者会苛责：希腊人发动的战争，远至上古时代的特洛伊战争，近到希腊文明晚期的亚历山大的东征，多为不义的侵略和内战，为何还撰文如此夸耀他们的赫赫战功？

对此问题，伟大的诗人荷马已在不朽的巨著《伊利亚特》里给予了回答。诗人曾生动地描绘了英雄阿喀琉斯新得到的战盾上的美丽图画：牛羊在山坡漫步，姑娘们在河边浣洗，小伙子们在欢笑着采摘葡萄……和平是美好的！但即使是再幸福的生活，也包含着悲哀的种子，人类无法摆脱死亡的迫胁，不管他愿不愿意。在有限的生命中，如何焕发最大的能量，获取不朽的荣光？战争是一个充满艰险，却不乏有效的途径，虽然在你死我活的绞杀中，死亡每时每刻都在发生，刚才皮肉还如同锦缎般的英俊青年，转瞬之间就尖叫着，被拉入哈迪斯的地府。

但是战士们知道他们的使命和归宿，他们不会退缩，因为那就是战斗的人生！正如同神话中的英雄俄底修斯慷慨陈词的那样：我们按着宙斯的意志／经历残酷的战争／从青壮打到老年，直至死亡／谁也不能幸免。但这并不可怕，老的一代死去，新的一代诞生，如同到了春天，秃枝又会萌发新绿，希望又会诞生在人间。人生永远充满生机，充满创立功业的希望和喜悦。

而世代的更替却给家族和祖国带来了戎马功业、汗水铸就的英名和世代相传的美谈。因此，从阿喀琉斯到亚历山大，甚至所有的希腊人，在他们的眼里，战争不仅仅是充满着血腥的死亡游戏，更是用有限生命去抗拒无限困苦和磨难的悲壮方式，通过它，人们将无所畏惧地走向某种不朽。

19 英雄的幸福：希腊人的英雄观

古希腊人把史前简单地分为神话时代和英雄时代，希腊文豪热情地讴歌着英雄的不朽伟业：他们上天入地，赶山填海，起死回生，仿佛不死的神灵，而很少有人述说英雄的悲歌。原来，他们背负着比常人更多的苦难和厄运，他们的生命中，也充满了悔恨、疯狂和放纵……那么什么样的人才算作英雄，什么样的人生才算作幸福的人生呢？

最幸福的人

吕底亚的国王克洛伊索斯富可敌国，他漫步在自己华丽的宫堡里，常为自己拥有的财富感到巨大的幸福。恰巧雅典著名的哲人梭伦来访，国王希望趁机炫耀自己的财富，就把梭伦带到自己的宝库让他看那些价值连城的宝贝，梭伦的样子似乎有点被惊呆，克洛伊索斯用带着天真的得意口气问他："雅典来的贵客啊，你阅历丰富，你觉得谁是这世界上最幸福的人呢？"

梭伦说："国王啊，我觉得雅典的泰诺斯最幸福。"

克洛伊索斯惊讶地问道："为什么呢？"他原以为梭伦会说他呢。

梭伦说："首先，泰诺斯生在一个富裕繁荣的城邦，他的孩子们也都长大成人，并且很优秀。其次，他生时享尽了人间的欢乐，死的时候又极为悲壮。雅典人在和邻国打仗时，他前来援助他的同胞，击退敌人，最后战死沙场，十分悲壮。雅典人给他举行了国葬，并给了他许多荣誉。"

克洛伊索斯听说这个泰诺斯只是个平民，有点不悦，但他是有风度和气量的国王，他想：且听他说，第二个总能轮到我。"那除了泰诺斯之外，谁是最幸福的人呢？"

他又问道。

"克列比欧斯和比顿,他们是阿尔戈斯人。这两兄弟家道丰裕,又身体健壮。当他们的城邦举行赫拉的祭典时,他们的母亲一定要乘着牛车赶到神殿执行仪式,可是拉车的牛还在田里耕作呢!于是,这两个年轻人就把扼架到自己的肩头,把母亲拉到了神殿,他们拉了45斯达地(9千米),所有到神殿的人们都看到了这个壮举,他们为自己,也为他们的母亲赢得了无上的荣誉啊,在参加完祭典之后,他们睡在神殿里,就再也没有醒来。他们的乡亲高度赞扬了这种行为,并为他们立了像,送到了德尔斐的神庙里了。"

听说梭伦把这两个头脑简单四肢发达的愣小子也当成最幸福的人,克洛伊索斯发怒了:"雅典的客人啊,你竟然这样看轻我,认为我的幸福还不如一个普通人?"

梭伦回答道:"克洛伊索斯啊,你所问的是关于人间的问题,但我知道神是善妒的,并且喜欢干涉人间的事情。人如果活了70岁,一共就经历了26250天,但是绝对没有一天的事和另一天的事完全相同,世事难料啊。你今天是极为富有的国王,但你能保证你会一辈子这样?如果真是这样,我就认为你是最为幸福的人。"

国王认为这样一个忽略当前的幸福,却说未来不可靠的人未免是个傻子。

看到国王露出不屑的表情,梭伦继续说道:"很多富有的人并不幸福,但衣食无忧的普通人却幸福得多。富有的人有更大的能力满足自己的欲望,也有更大的能力承受灾祸的打击,但他也仅仅在这两点上优越于常人。普通人无法完全满足自己的欲望,也挺不住这样的灾祸,但他的好运气使他根本不会遇到这样的事!他身体健康,儿孙满堂,心情开朗!而富人们往往却缺乏这些运气……"

"因此,国王啊,在所有的事情上都得密切注意它的结局,神经常让许多人只看到一个幸福的幻影,就把他们推向毁灭的路程。"

可以想象傲慢的国王有多么生气!智慧的梭伦通晓命运的无常,却不大注意沟通的技巧,在说完这些不讨喜的话之后,就被国王打发走了。但是国王很快就惊奇地发现:梭伦的话就像预言一般准确,先是他的爱子在狩猎中被刺死,紧接着,吕底亚王国败给了波斯王国,首都萨尔迪斯被攻陷,更糟糕的是,国王最后被波斯的国王居鲁士逮了起来,送上了火刑堆,这时候他想起梭伦的话,三次悲伤地大呼梭伦。没想到,最后还是梭伦救了他,居鲁士对他大呼这个名字感到奇怪,于是把他松绑,要求他解释清楚。克洛伊索斯对居鲁士说了那番梭伦关于命运无常的话之后,居鲁士也起兔死狐悲之感,居然赦免了克洛伊索斯,并让克洛伊索斯做了他的幕僚。

做一个英雄

当我们考察梭伦和克洛伊索斯的对话时,就会发现,梭伦和克洛伊索斯对于幸福的看法完全不同,克洛伊索斯简单地认为幸福就是拥有财富和权力,这种观念是较能得到世俗的认同的;而梭伦对于幸福给出的概念相对来说复杂一些,他首先举出泰诺斯的例子说明其看法,他并没有虚伪地认为衣食无着的穷人是幸福的,但他认为幸福和财富没有必然的关联,拥有巨大财富的人为了获得和保持他的财富,反而会丧失幸福。他认为拥有中等财富的人如果不生灾害病，儿孙满堂，并能够安享晚年的话，也是幸福的，但显然这种幸福是一种平庸的幸福，而不是幸福的最高境界。

泰诺斯之所以是最幸福的人，是在于他先享受了一般人的幸福，然后又享受了作为一个英雄的幸福。所以结论似乎是这样的：在梭伦看来，幸福的最高境界就是做一个英雄。做一个英雄当然是一件幸福的事（对男人来说），希腊人敬畏天上的神灵，也羡慕人间的英雄。英雄如群星般闪烁于希腊历史的夜空中。在一开始，英雄多是神灵的儿子，如宙斯的双生子卡斯托尔和波吕克斯。英雄是凡人奋斗的极限，他们离不死的神仙只差一步，其成就甚至令天神嫉妒。

但真的是这样吗？想要成为一个像赫拉克勒斯一般的英雄，获得他那样的成功和幸福，岂非太过不切实际？梭伦并非不切实际的人，他认为名不见经传的泰诺斯是最幸福的人，而并非赫赫有名的大英雄赫拉克勒斯，这说明，在梭伦的心里，自有一番对于英雄的认识。

英雄的追求

英雄首先是自由的，他拥有自由人的所有权利，并为自由而战。

希腊神话中最为著名和典型的英雄就是赫拉克勒斯，这位英雄有一位了不起的父亲，那就是大神宙斯，然而因为他是宙斯的私生子，反而因此吃尽苦头，天后赫拉出于嫉妒，让这位英雄不时在狂性发作时犯下罪孽。为了赎回罪孽，他先是成为一个国王的奴隶，为他打扫牛圈，又成为一个女王的仆从，天天纺纱织布。希腊人总是把他们所领悟的哲理融入神话故事，在他们看来，对一个英雄最大的惩罚，就是寄人篱下的奴隶生活。但是国王的权力和女王的美色都无法束缚英雄，赫拉克勒斯最终成就伟业，成为千古传诵的神话人物（图 19-1 至图 19-3）。

从某种意义上说，英雄的本质就是最大程度上的自由。因此，在梭伦制定的法典中，最首要的，也是最为激动人心的，就是对债务的取消，这让贫穷的人们不至于卖身为奴，在他看来，只有在一个自由的城邦中，人们才会充分发挥自己的才干和勇力。

但是，这个自由是具有政治意义的，还有一种自由，来自于英雄的内心，这是一种选择自己生活方式的自由，相比于前者，它显示的是更高层次的灵魂的自觉。根据诡辩家普罗底库斯的一则寓言"赫拉克勒斯的选择"所描述的故事：年轻的英雄在岔路口遇到了两位女神——享乐女神和美德女神，她们让他在享乐而简单和艰辛但光荣的两条生活之路中选择一条，赫拉克勒斯选择了后者，从这一刻，英雄就成为了英雄。

在这一点上，我们可以看出，梭伦所推崇的泰诺斯颇有些英雄的风骨，正如同赫拉克勒斯抛弃了高贵的出生和优越的生活，泰诺斯也毫不留恋地抛弃了他那凡夫俗子的幸福，投入追求自由的勇士事业中，这一切也让我们想起了梭伦本人，要知道，经商出身的梭伦家道殷实，他曾经自己描述过他的生活：他有成捧金银和无数骡马／丰收的麦田带来无数财富／华丽的衣裳和适脚的鞋靴／餐桌上摆满各种时

 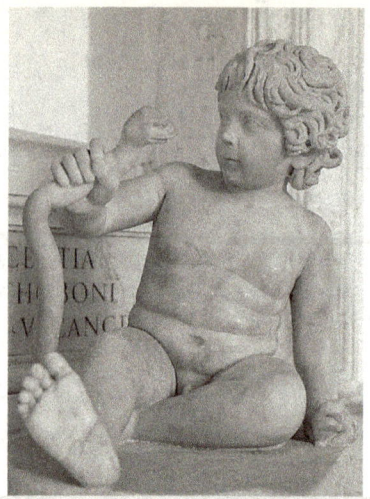 

图19-1　赫拉克勒斯标准像　　　图19-2　扼杀大蛇的幼年赫拉克勒斯
图19-3　赫拉克勒斯变为猎户座

旁白：赫拉克勒斯是宙斯的私生子，这使天后赫拉极为生气，她千方百计地陷害这位英雄，但是祸福相依，英雄在逆境中成就了自己，他完成了12件大功，体现了他的智勇双全。比如，他把巨人安泰俄斯举在空中撕裂了，又用一个小计谋让阿特拉斯重新扛起天空。赫拉克勒斯的死亡是戏剧性的，人马调戏了他的妻子，他杀死了人马，这个人马把自己的鲜血给了赫拉克勒斯的妻子，说这可以防止丈夫变心，结果英雄穿上沾染毒血的衣服，被焚烧致死，不过宙斯怜悯他的爱子，让赫拉克勒斯升上天界成为不死的星宿，称为猎户座。

鲜食物／年轻貌美的妻子还有儿女／成就这些也不过花费了几年工夫。但是梭伦没有对这些满足，他有着更为高远的理想——为整个城邦谋取幸福。他通过立法和改革纠正时弊，弘扬民主，当城市的一切步入正轨，他处于荣誉和权力的顶峰之时，却功成身退，坚决拒绝人们献给他的统治者的桂冠，并悄悄地离开了雅典，选择了十年的自我放逐。他和吕底亚国王克洛伊索斯的这段交往也就发生于这一时期（图19-4）。

到这里，我们才有些明白梭伦所指的幸福是什么，它既不是财富，也不是权力，更不是平庸的生活；恰恰相反，是不被财富、权力和安逸的生活所束缚和腐蚀，去追求和选择更为高尚和伟大的事业，即使遇到死亡的危险、众人的嘲笑和无穷的挫折，都不能折断勇者理想的双翼，死在自己所追求事业中；升华自己的人生，获得无上的荣耀，才是高尚生命应有的归属。

英雄的悲歌

英雄的选择何其荣耀！但是英雄的宿命又何其悲惨！

赫拉克勒斯完成了12件大功，但他却抑制不了自己的疯狂，他先是在狂怒中杀死自己的儿子，接着是他的朋友，最后又在绝望和暴怒中投向自焚的火堆。和梭伦所强调的"英雄的幸福"相反，希腊式的英雄一生拥有的不幸远多于他的幸福，当英雄踏上征途的那一刻，他的悲惨宿命也就随之而来。仿佛要和他们取得的巨大

图 19-4　梭伦像（佚名）
旁白：梭伦是古希腊著名的政治改革家和诗人。他出身于贵族家庭，早年游历经商使他了解了下层平民的疾苦，当他在公元前594年出任雅典城邦第一任执政官时，制定了有利于促进劳动和商业活动的法律，史称"梭伦改革"。他因公正和睿智被后人誉为古希腊"七贤"之一。他在诗歌方面也有很高的成就，诗作主要是赞颂雅典城邦及法律的。他的改革首要在于废除债务奴隶制；其次是废除德拉古制定的残酷法律，只保留关于谋杀的部分；其三是按财产的拥有量将公民分为四个等级，其政治权利按照财产来决定；最后是关于国家的管理，比如恢复公民大会作为国家最高权力机关，各等级公民均可参加，在贵族会议之外设立四百人会议管理国家，等等。这些先进的律法最终促进了雅典的商业繁荣和城邦的兴盛。

荣耀相符合，宙斯在英雄的天平的另一端放上了沉甸甸的苦难。正如同英雄自己选择了英雄之路一般，英雄也得战胜另一个自己，那个有时候疯癫、怯懦和放纵的自己。在希腊人看来，征服自己，比征服世界要难得多。

征服了欧洲、亚洲和非洲的马其顿国王亚历山大常常头戴狮子皮的盔帽，豪迈地宣称自己是赫拉克勒斯的后裔，他的丰功伟绩事实上已经胜过了赫拉克勒斯，但那"英雄的宿命"也如同恶咒般潜伏在国王的身边。在短暂的一生中，他打败了数不清的敌人，攻陷了数百座城池，他巨大的声威曾让当时的各个民族战抖。但是在酒醉后，狂怒的国王却敌友不分，用标枪杀死了自己战功赫赫的伴友。亚历山大的传记作者阿庇安批评道：这一回他做了"醉"与"怒"二恶的奴隶。在征服印度之后，他班师巴比伦，日日沉醉于疯狂的宴饮和玩乐中，只几日工夫，国王就染上了热病，迅速地断送了他年轻的生命。回想不久前在印度的那场恶仗，国王单枪匹马冲上敌人的城池，身中数箭，背部又被大石块击伤，当时士兵们以为他必死无疑，他却奇迹般地活了过来，可是如此顽强的生命力却抵不住骄奢淫逸的侵蚀，亚历山大最终没有战胜自己放纵的欲望（图19-5、图19-6）。

无论是力能扛鼎的赫拉克勒斯，还是纵横天下的亚历山大，都屈服于命运对他们的安排，他们被自身体质里所带来的暴戾和疯狂牵向了死亡的深渊。那么究竟谁还能藐视命运的残酷，挑战内心的疯狂和恐惧，去获得双料的荣耀？

这个荣耀归属于一个天神般的英雄，他就是特洛伊战争中的头号猛将阿喀琉斯，无论神话把他的故事渲染得多么离奇，我们还是得相信史诗的真实性，这位英雄是一个真实的历史人物。因为在公元前四世纪，亚历山大远征亚洲，曾在安纳托利亚拜谒过英雄的墓冢，并和他的将士在墓旁举行裸体的竞走比赛，以取悦英雄的亡灵。

和阿喀琉斯相比，别的英雄的悲剧就显得像是幸福了。人们曾说世间最恐怖的事情不是死亡，而是对于死亡的畏惧，这位俊美强健的希腊名将，从小就被神谕预言将要在战争中英年早逝，这难道不是一件悲惨的事情？他那担惊受怕的母亲海洋

第四部分　风俗和掌故

图 19-5　亚历山大石像　｜　图 19-6　影片《亚历山大》剧照

旁白：马其顿的亚历山大三世，世称亚历山大大帝，古希腊北部马其顿的国王。亚历山大意为"人类的守护者"，他生于佩拉，到 16 岁为止，一直由亚里士多德任其导师，30 岁时，他已经创立古代历史上最大的帝国，其疆域从爱奥尼亚海一直延伸到喜马拉雅山脉。他一生未尝败绩，被认为是历史上最成功的统帅之一。公元前 334 年，他向波斯人统治的小亚细亚地区发起进攻，开始了长达十年的东征。他击破波斯人，并推翻其统治者大流士三世，征服整个波斯帝国。为了寻找并抵达"世界的尽头和大外海"，亚历山大大帝在公元前 326 年侵略印度，但最终应军队强烈要求不得不撤军。亚历山大大帝的遗产包括他扩土导致的文化融合。他建起了数十座以他的名字命名的城市，最著名的就是埃及的亚历山大港。他将希腊文化一直向东传播，导致希腊化时代的到来，直到 15 世纪，仍然能在拜占庭帝国中发现这些痕迹。他以古希腊神话中的英雄阿喀琉斯为偶像，最终自己也成为一个近乎神话的人物。后世有许多军事领导人和军校都参照过他的战术。

女神忒提斯为了防止这件事情发生，使劲地把他保护起来。她先是将还是婴儿的阿喀琉斯放在冥河的水中浸泡，使他浑身刀枪不入；等他大一些，又把他打扮成女孩儿的样子，和一群姑娘们纺纱。但是该死的命运还是把他带到了腥风血雨的特洛伊战场上，英雄虽然所向披靡，但是他仍为那早逝的宿命困扰，就连他的战马珊索斯都开口讲话，预言他的死亡，对着这些让人恐惧的话语，勇者无畏地回答："珊索斯，为何预言我的死亡？你无需为我通报，我已知道得清清楚楚，我将死在这儿，远离亲爱的父母。尽管如此，我将使特洛伊人受够我的打击，我将战斗不止！"

荣耀归于凡人

英雄不仅战胜了死亡，更战胜了对于死亡的恐惧，阿喀琉斯的豪言壮语被海明威归纳为更简洁的现代版本：英雄可以被打死，却不可以被打败（图 19-7）。总之，希腊人所能想象到的最为完美的英雄模型就此诞生了：一方面，他是叱咤群雄，吼啸沙场的猛将；但更多的时候，他总是躺在弯翘的海船边，怀着对于亲人和故土的思念，咀嚼着命运给予的苦果。真难以想象，英雄竟也有如此平凡和软弱的时候，竟有着如此悲苦的命运。可以说，阿喀琉斯战胜死亡的恐怖之时，他的身份只是一个背运的凡人。

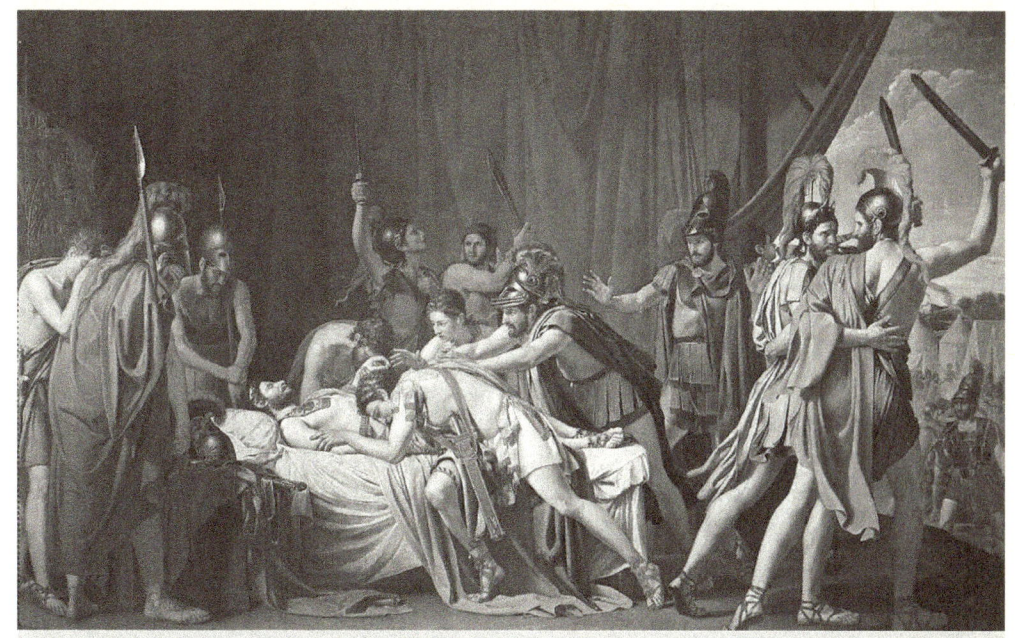

图 19-7　阿喀琉斯悼念帕特洛克罗斯（佚名）
旁白：帕特洛克罗斯是一个因杀人而来到阿喀琉斯的父亲珀琉斯的宫廷寻求庇护的人。珀琉斯让帕特洛克罗斯照顾年幼的阿喀琉斯，并陪伴他长大。我们把这种人称为"阿喀琉斯的伴友"，帕特洛克罗斯的年岁长于阿喀琉斯许多，人们认为他和阿喀琉斯有深厚的同性恋关系。阿喀琉斯最后愤而出征，击杀特洛伊英雄赫克托耳，就是为他的伴友报仇。

就这样，我们的话题又回到了开头，梭伦所说的幸福，不是甘食美服，也不是子孙满堂，因为这幸福如同过眼云烟，飘忽不定，虽然权势和财富拉开了王侯和平民的距离，但在命运的捉弄下，谁是真的英雄则可立见分晓——只有当人们掌握了自己的命运，才会拥有真正的幸福，而掌握自己的命运的人，就是英雄。就这样，英雄的桂冠时而会戴在阿喀琉斯的头颅上，有时也会落在泰诺斯那样的凡人的手中。

20 与子同袍：希腊人的男风习俗

> 希腊人由于注重军事，形成了一个以男性为中心的社会，这导致了男风习俗的盛行，这其中尤以斯巴达城邦为最。男风习俗对于希腊的民族气质，风俗习惯甚至艺术样式都产生了深远影响，并使得希腊文明逐渐产生了崇尚刚健、质朴、优雅的特点，但是其结果也是可想而知的，两性之间的和谐被打破，男人不喜欢女人，更不愿意成家……

冲冠一怒为须眉

参加特洛伊战争的希腊英雄阿喀琉斯是全希腊第一流的战斗勇士，可是阿伽门农，这位希腊盟军的统帅，仗着自己的权势，粗暴地抢走了他的战利品———一个美丽的女俘虏，不顾阿喀琉斯，和她产生了爱情。阿喀琉斯出于愤怒，拒不出战。不仅如此，在希腊人和特洛伊人大战的时候，他一个人跑到山顶，观看希腊人被特洛伊人打得落花流水，尸横遍地，居然没心没肺地哈哈大笑。

但是当希腊人节节败退，他那爱国心切的伴友帕特洛克罗斯无法忍受了，他先是恳求阿喀琉斯出战，被拒绝后，他想出个折中的点子，就是借阿喀琉斯的盔甲一用，他穿上盔甲，冒充阿喀琉斯出战，这个要求被同意了。

事实证明这个点子害了帕特洛克罗斯，敌人先是被吓了一跳，但看到这个"阿喀琉斯"似乎并没有那么英勇，于是特洛伊人的王子赫克托耳大着胆子过来挑战，并杀死了"阿喀琉斯"。当他揭开铠甲，发现自己所杀的人并非阿喀琉斯时，赫克托耳意识到自己闯下了大祸，因为此人既然穿着阿喀琉斯的铠甲，必然是他最为亲密的朋友。

阿喀琉斯得知帕特洛克罗斯的死讯，悲痛至极，他问他的母亲再要了一副崭新的盔甲，盛装出战，一举击杀特洛伊名将赫克托耳，并用战车残忍地拖着他的尸体绕城三圈，为亡友报仇。

这就是荷马史诗《伊利亚特》中最为著名的桥段。我们这些现代人会想当然地认为阿喀琉斯是个重义气的人，他的"哥们"死了，当然会为他报仇雪恨，其实除了友情，阿喀琉斯和帕特洛克罗斯之间有着更为复杂的关系。从古代的希腊瓶画中，我们可以看到阿喀琉斯为帕特洛克罗斯包扎伤口的情形：阿喀琉斯是一个青葱般的美少年，而他的伴友却是个满脸胡须的中年男子。据记载，帕特洛克罗斯是阿喀琉斯父亲珀琉斯的朋友，因为杀人而避难于珀琉斯的宫廷（在古代记载中这种事情很多，杀人者也不被认为是坏人，反而被认为是落难英雄），珀琉斯就让这个落难者培养年幼的阿喀琉斯，陪伴他长大。在这期间，阿喀琉斯和他的"伴友"（王子的伙伴和扈从，多由贵族少年担当）共同习武、游戏，吃和睡都在一块儿，他们逐渐发生感情，成为情真意切的情侣。因此我们得意识到，阿喀琉斯冲冠一怒，非为友情，而是为了爱情（图20-1）。

男风习俗的由来

可能读者还不明白，既然阿喀琉斯已经有了"男友"，为什么还要和阿伽门农争夺漂亮的女奴隶呢？这样一来，他岂不是个男女通吃的双性恋？要了解这个，还要从希腊人的习俗讲起。

我们都知道，由于征战不断，希腊民族特别重视强壮身体和增加战斗的技能，每一个希腊男性在青少年时期都要经历严格的身体训练，他们只要一有时间，就在运动场上赤裸着身体进行各种训练：做体操、掷铁饼、跑步、摔跤和格斗。这是一个封闭的男性世界，正如同古代的奥林匹克运动会一样，运动场也是女性的禁地（女性有专属的女性运动场）。

须知大自然是需要阴阳的平衡和协调的，当一片海域内只有一群雄鱼时，有一部分雄鱼就会变成雌鱼。同样，这个男女比例严重失衡的运动场也在悄悄发生类似

图20-1 阿喀琉斯为帕特洛克罗斯包伤口

旁白：这幅绘制精美的瓶画十分生动地表现了两个人的亲密关系。面容粗犷的帕特洛克罗斯留着胡须，身材粗壮，因为受伤而表情痛苦，阿喀琉斯穿着华丽的铠甲（那著名的铠甲由神工打造），身材挺拔，面容秀气，他面带笑容正为他的爱人包扎手臂上的伤口，好像在说"这点小伤没什么"。值得注意的是帕特洛克罗斯赤裸的下身暴露了两人亲密的关系。

第四部分 风俗和掌故 / 153

的事情，在这些运动员中，年轻人由于尚未发育完成，男性特征还不是特别明显，他们白皙细嫩的皮肤，柔软挺拔的身形特别能够引起年长男性对于女性的联想。由于美丽女性的缺失，在那些中年人的眼里，这些蹦蹦跳跳的俊美男孩自然替代了他们对于女性的渴望，畸形的恋情就这样培养起来，天长日久，那些在性取向上还有些蒙昧的男孩也由于经受不住这些老男人的不停撩拨而逐渐演变成了同性恋中偏向于雌性的那一方。

于是，本来非常健康的运动场变成了谈情说爱的地方，面貌俊美、身材曼妙的小伙子受到大家的追捧和赞美，成为成年人的"梦中情人"。为了得到美少年的欢心，追求者把礼物都带到了运动场，这些礼物都是些很实际的东西，比如一只象征雄性力量的公鸡，一只兔子，等等。为了让运动变得更加有"情趣"，人们还举办趣味运动会，我们从一些古希腊的瓶画上可以得知运动会的内容。比如背"媳妇"赛跑，每一位参赛者都是有着小男友的中年汉子，他们把自己的小男友背在背上参加赛跑，得胜者会获得一只鸡。作画者绘制了一些细节，大大地帮助了我们贫乏的想象力，跑步的人和他肩上的人都是赤身裸体，在跑步时不可避免的身体摩擦使跑步者欲火中烧，这种有伤风化的运动会可能让现代人大跌眼镜，但是却是刺激古代人们更加投入锻炼的有效方法。

这种男童和比自己年长者之间的爱情在希腊世界极为平常，古希腊的著名诗人赫西俄德就在他的名作《田功衣时》中这样教导他的弟弟：耕田这样繁重的农活要派遣40岁左右的强壮男子来干，但是跟在他后面播种的人不能是个青年，因为这个青年会因为看到犁田者健壮性感的背影而魂不守舍，从而耽误了播种这样重要的活计。据说亚西比德这位出身权贵的雅典名将，在童年时候非常俊美，受到许多男性的垂涎，但是他的老师——著名的哲学家苏格拉底保护着他，使这位男孩不被那些邪恶的登徒子诱上歧途。在一次战败的溃逃中，苏格拉底奋不顾身，救了他的学生一命。这种无微不至的监护却使亚西比德爱上了他的老师，甚至想和他发生性的关系，但是这种企图被正直的苏格拉底拒绝了。因此，柏拉图赞扬苏格拉底是当时最正直的人（图20-2）。

图20-2 亚西比德和苏格拉底
旁白：雅典名将亚西比德是一个家资豪富的贵族，雅典执政官伯利克里的养子，由于他建议远征西西里，最后导致了雅典远征军的败亡。他的爱好是养马和养狗，由于希腊缺少养马的平原地带，因此养马是一种非常奢侈的爱好，他把大量金钱投入于此，但也为雅典获得了荣誉，因为他在奥林匹克赛会上获得了赛马的头奖，这为衰落之际的雅典城邦挣得了一些面子。

男风之国

在所有希腊城邦中,斯巴达人的男风最为盛行。因为斯巴达人打败了数目远多于自己的原住民并奴役了他们,因此农奴们随时有可能兴起的叛乱是斯巴达城邦最可怕的威胁。为了防止这种事情的发生,斯巴达人实行了全民军事化。在很早的时候,他们的摄政者吕库古就制定了一项规定:所有的斯巴达人都得吃"大锅饭",共同操练和生活。从此军营式的集体生活排除了一切产生柔弱萎靡之风的可能,把斯巴达塑造成一个刚强的男性社会和军事强国,但也同时使同性恋变得无法避免。

男人们天天待在一块,年轻柔弱的小伙子变成了强壮的成年男人发泄的对象,由于每一个男人都要经历青春期,因此每个男人都要经历被别的男人"爱过"的经历,这其中不乏那些性取向完全正常的人。为了让那些正常人适应这些让他们难以忍受的撩拨挑逗,斯巴达的当权者竟然规定:被别人爱慕这是男人成长过程中必须经历的一个环节,无需害羞和尴尬;他们又规定:爱慕者之间(一个青年往往有多个追求者)不得吃醋,并要团结起来为那个他们所共同喜爱的"恋人"争取荣誉,并帮助他开拓事业。这种经历甚至连斯巴达的国王都不能避免,在伯罗奔尼撒战争的后期,斯巴达国王亚杰西劳斯年轻时由于极为俊美,受到当时的权臣海军大将赖山德的爱慕,而后者也尽力履行爱慕者的职责,在帮助亚杰西劳斯登上王位时不遗余力。

但是这种痛苦(或是快乐)只是暂时的,当青年人成熟起来,摆脱了柔弱的形象变得孔武有力时,加在他身上的这种畸恋就慢慢消失了。他开始试着喜欢女人,进行正常的恋爱,并且结婚生子。为了让他们适应这种转变,也为了不让甜蜜的婚姻成为军营生活的羁绊,吕库古规定(又是他!)结了婚也得在营房里和战友住在一块,如果想要和自己的妻子行房,得在月黑风高的夜晚,等战友们都睡下了,像做贼似的溜出营房,回到家里。可笑的是,这时的妻子被规定只得剪着短发,不施粉黛,穿着一件男人的衬衫,像一个小男孩似的,让丈夫觉得他的妻子看起来也不比他的那些臭烘烘的战友迷人到哪里去。在天亮之前,他又得匆匆离开妻子,偷偷地溜回军营,躺在他战友的身边。由于这些事情全是发生在夜里,以至于直到妻子为他生下小孩,丈夫也没有机会在大白天好好地打量自己的娇妻。

迷途知返

可以想象,在这样严格的规定之下,过婚姻生活看起来真的如同犯罪,比枯燥的军营也强不到哪儿去了。许多男人们心灰意冷,对女人和婚姻再也打不起兴趣了,宁愿待在军营里鬼混,那里永远不缺年轻貌美的男孩,也可以正大光明地追求他们。结果可想而知,斯巴达的出生率总是保持在一个不高的水平,为了提高出生率,吕库古又提出一个新概念——"让妻"。他认为一个优秀的女人只和一个男人生孩子太可惜了,她应该尽可能多地和优秀的男人结合,产下更为优秀的下一代,为国家贡献更多的优秀人才。因此,老夫应当为自己的少妻寻找一个健康的年轻情人,让他俩生下更为健康的后代;而已婚的妇女,如果被人爱慕,做丈夫的也应当大方地把自己的妻子让出去,让他们再生育更多的小孩。这种貌似开明的风俗对于因战争而人口不足的雅典人来说，是个启发，柏拉图就在他的大作《理想国》中阐述了类似的观点，他甚至还补上一条规矩：为了让这样的女人没有后顾之忧，生下的孩子全都由国家代为抚养。

为了把性取向导向正常化，制定法规的吕库古又出台了一些补救措施：在节日时的祭祀或是赛会，让许多漂亮的少男少女赤身裸体参加游行的队伍，边唱边跳，展示青春之美。这时所有的光棍都得在旁边，一本正经地看着，不得调笑也不得借故离开。对于那些死活不愿结婚的人，就依法剥夺他观看的权利。不仅如此，到了冬天，官员们还逼迫这些老光棍们在市场上赤身裸体地结队游行，一边还唱着羞辱自己的歌曲，在大家的嘲笑中难堪地走着。

再者，年轻人对于长者应有的尊敬和礼节，也将老同性恋者排除在外。普鲁塔克就举了个例子，斯巴达的名将德西利达斯进入房间，有位青年坐在那里动也不动，反而说出难听的话："你将来也没有孩子给我让座。"虽然德西利达斯是位声名显赫的人物，但当时的人们认为那个青年也没有什么失礼的地方。

与子同袍

如果排除同性恋带来的人口减少的社会问题，希腊人对此还是持宽容态度的，在他们的神话里，最有权威的大神宙斯就是个双性恋者，他偶尔会变作大鹰飞到下界，猎取他所中意的美少年。事实上，同性恋人所产生的这种复杂感情，介乎于爱情、友情和亲情之间，在某种信仰和理念的推动之下，有时会产生意想不到的巨大力量，甚至建功立业。

热烈地崇尚民主和自由的雅典人，就为一对同性恋人制作过雄伟的雕像，使他们名垂千古，这就是著名的哈摩迪阿斯和阿利斯托斋吞雕像。因为不肯受辱，这一老一少齐心协力，英勇地刺杀了雅典僭主（改民主政体为专制政体，并自立为城邦领导者的人被称为僭主），最后双双被杀害，人民为了缅怀英灵，也为了颂扬民主政体，为他们树立了生动的雕像，放置在城市的广场，让后代瞻仰（图20-3）。

另一个突出的例子是希腊城邦底比斯的"圣军"，这是由150对同性恋伴侣组成的精锐部队。底比斯将领高吉达斯于公元前378年组织了这支部队。圣军的一位指挥官曾说："同一氏族或同一部落的人在危急时刻很少互相帮助，一个军团应该将相爱的战士编在一起，这样才能组成牢不可破、坚不可摧的部队，因为一个人是绝不愿在爱人面前丢脸的，而且他会为了保护所爱的人牺牲自己的性命。"

亚里士多德解释了圣军称号的来源：在底比斯有一个神圣的"伊阿摩斯之墓"，高吉达斯让同性恋人们在墓前宣誓互相忠诚，正是这一背景促成了圣军的诞生。圣军所发挥的力量是极为强大的，在留克特拉战役中，他们首次打败了军事力量最为强大的斯巴达军队，这让他们一战成名。但是随着希腊世界的整体衰退，他们在公元前338年的喀罗尼亚战役中被后起之秀——马其顿军全部歼灭。关于圣军最后悲惨的结局，希腊历史学家普鲁塔克曾描述：胜利后的腓力二世（马其顿国王）视察战场，他停在300位勇士的尸体前，看到每个战士的胸前都有致命的伤口，每两具

图 20-3 哈摩迪阿斯和阿利斯托斋吞
（大理石雕像 罗马摹制品）

旁白：右侧的青年是哈摩迪阿斯，他是当时最为俊美的雅典青年，和左侧的一个富有市民阿利斯托斋吞相恋，僭主看上了哈摩迪阿斯的美貌，想诱奸他，被拒绝了。僭主恼羞成怒，叫哈摩迪阿斯的妹妹担任游行的一个重要角色，后来又把她打发走了，用这种方式羞辱了哈摩迪阿斯；另一方面，阿利斯托斋吞担心僭主早晚会抢走他的爱人，于是，一个出于受辱，一个由于担忧，就决定刺杀僭主，可是刺杀成功后，两个人都被害惨死。在痛恨僭主统治的雅典，这两个人做事虽然出于私人的目的，但由于他们除掉了祸害国家的僭主，仍然受到人民的拥护。由于历史悠久，这个故事的来龙去脉甚至就连古代的雅典人自己也不是很清楚，但是最后古希腊历史学家修昔底德考证并在著作《伯罗奔尼撒战争史》中讲述了它。由于此雕塑十分优美，充满动感和力度，并因为放在名城雅典的市中心而名声大震，后来又被罗马人复制，成为希腊艺术的代表作品。

尸体紧紧挨在一起，于是知道这就是著名的全部由相爱的勇士组成的圣军，他抑制不住眼泪，说道："无论是谁，只要怀疑这些人的行为或者经历是卑劣的，都应该被毁灭。"就这样，同性恋人们最终通过自己悲壮的战斗和光荣的死亡，终止了人们的讪笑和斥责，为自己特殊的爱情，也为自己的祖国赢得了肯定和赞誉。

第四部分　风俗和掌故

图片来源

图 1-1 源自：http://xjdydj.blog.163.com

图 1-2 源自：http://image.baidu.com

图 1-3 源自：http://baike.haosou.com

图 1-4、图 1-5 源自：赵鑫珊．哥特建筑——"上帝即光"[M]．上海：上海辞书出版社，2000：40-45

图 1-6 源自：特拉亨伯格，等．西方建筑史[M]．北京：机械工业出版社，2011

图 1-7 源自：http://image.baidu.com

图 1-8 至图 1-10 源自：jiankang.3jrx.com

图 1-11 源自：筑龙网

图 2-1 源自：华莱士．米开朗基罗[M]．束光，译．北京：北京美术摄影出版社，2013

图 2-2 源自：丹·克鲁克香克．弗莱彻建筑史[M]．北京：知识产权出版社，2011

图 2-3、图 2-4 源自：《亚述宫殿的雕塑》一书相关内容

图 2-5 源自：丹·克鲁克香克．弗莱彻建筑史[M]．北京：知识产权出版社，2011

图 2-6 源自：《亚述宫殿的雕塑》一书相关内容

图 3-1 至图 3-3 源自：http://image.baidu.com

图 3-4 源自：丹·克鲁克香克．弗莱彻建筑史[M]．北京：知识产权出版社，2011

图 3-5 源自：作者拍摄

图 3-6 至图 3-8 源自：http://image.baidu.com

图 4-1 源自：昵图网

图 4-2 源自：作者拍摄

图 4-3 至图 4-5 源自：维基百科

图 4-6 源自：丹·克鲁克香克. 弗莱彻建筑史 [M]. 北京：知识产权出版社，2011

图 5-1、图 5-2 源自：维基百科

图 5-3 源自：《古罗马人的生活》一书相关内容

图 5-4 源自：维基百科

图 5-5、图 5-6 源自：《古罗马人的生活》一书相关内容

图 6-1 源自：张杰. 勃鲁盖尔 [M]. 重庆：重庆出版社，1999

图 6-2 至图 6-4 源自：《中国大百科全书》总编委会. 中国大百科全书 [M]. 北京：中国大百科全书出版社，2009

图 6-5、图 6-6 源自：http://image.baidu.com

图 7-1、图 7-2 源自：丹·克鲁克香克. 弗莱彻建筑史 [M]. 北京：知识产权出版社，2011

图 7-3、图 7-4 源自：百度百科

图 7-5 源自：维基百科

图 7-6 源自：丹·克鲁克香克. 弗莱彻建筑史 [M]. 北京：知识产权出版社，2011

图 7-7 至图 7-14 源自：百度图片

图 8-1 至图 8-6 源自：维基百科

图 8-7 源自：百度图片

图 8-13 源自：维基百科

图 9-1 至图 9-4 源自：维基百科

图 9-5、图 9-6 源自：丹·克鲁克香克. 弗莱彻建筑史 [M]. 北京：知识产权出版社，2011

图 9-7 至图 9-9 源自：维基百科

图 10-1、图 10-2 源自：维基百科

图 10-3 源自：丹·克鲁克香克．弗莱彻建筑史 [M]．北京：知识产权出版社，2011

图 10-4 至图 10-9 源自：百度图片

图 11-1 至图 11-7 源自：百度图片

图 12-1、图 12-2 源自：百度图片

图 12-3、图 12-4 源自：维基百科

图 12-5 至图 12-11 源自：百度图片

图 12-12 源自：维基百科

图 13-1 源自：百度图片

图 13-2 源自：《科学探索》2010 年第 6 期相关内容

图 13-3 源自：百度图片

图 13-4 源自：《科学探索》2010 年第 6 期相关内容

图 13-5 源自：百度图片

图 13-6 源自：《科学探索》2010 年第 6 期相关内容

图 13-7 源自：作者拍摄

图 14-1 至图 14-5 源自：百度百科

图 14-6 源自：作者自绘

图 15-1、图 15-2 源自：百度百科

图 15-3 源自：维基百科

图 15-4、图 15-5 源自：百度百科

图 15-6 至图 15-8 源自：维基百科

图 16-1 至图 16-3 源自：百度图片

图 16-4 源自：作者拍摄

图 16-5、图 16-6 源自：百度图片

图 16-7 至图 16-9 源自：维基百科

图 16-10 源自：百度图片

图 16-11 源自：作者拍摄

图 16-12 至图 16-14 源自：百度图片

图 16-15 源自：作者拍摄

图 16-16 源自：百度图片

图 17-1 至图 17-4 源自：百度图片

图 18-1 源自：维基百科

图 18-2 源自：作者拍摄

图 18-3 至图 18-6 源自：维基百科

图 19-1、图 19-2 源自：作者拍摄

图 19-3 至图 19-7 源自：百度图片

图 20-1、图 20-2 源自：百度图片

图 20-3 源自：作者拍摄

注：本书图片均由作者提供。

参考书目

切利尼自传	（意）本韦努托·切利尼著	团结出版社
西方建筑史	（英）大卫·沃特金著	吉林人民出版社
剑桥插图古希腊史	（英）保罗·卡特里奇主编	山东画报出版社
弗莱彻建筑史	（英）丹·克鲁克香克主编	知识产权出版社
西方建筑史	（美）马文·特拉亨伯格等著	机械工业出版社
建筑十书	（古罗马）维特鲁威著	知识产权出版社
罗马帝国衰亡史	（英）爱德华·吉本著	商务印书馆
亚历山大远征记	（古希腊）阿里安著	商务印书馆
长征记	（古希腊）色诺芬著	商务印书馆
伯罗奔尼撒战争史	（古希腊）修昔底德著	商务印书馆
城市发展史	（美）刘易斯·芒福德著	中国建筑工业出版社
城市设计	（美）埃德蒙·培根著	中国建筑工业出版社
工作与时日	（古希腊）赫西俄德著	商务印书馆
伊利亚特	（古希腊）荷马著	上海译文出版社
人类学	（英）爱德华·泰勒著	中国青年出版社
理想国	（古希腊）柏拉图著	商务印书馆
编年史	（古罗马）塔西佗著	商务印书馆
高卢战记	（古罗马）恺撒著	商务印书馆
明日之田园城市	（英）埃比尼泽·霍华德著	商务印书馆
哥特建筑——"上帝即光"	赵鑫珊著	上海辞书出版社
西洋建筑史	沈理源编译	知识产权出版社